湖南省教育厅优秀青年项目"科技型中小企业技术创新基金投资效益研究"（编号12B017）成果

中国外汇储备币种结构估计、优化及调整

国 晖◎著

THE ESTIMATION, OPTIMIZATION AND
ADJUSTMENT OF CHINA'S FOREIGN EXCHANGE RESERVE
CURRENCY STRUCTURE

经济管理出版社
ECONOMY & MANAGEMENT PUBLISHING HOUSE

图书在版编目（CIP）数据

中国外汇储备币种结构估计、优化及调整/国晖著 .—北京：经济管理出版社，2018.7
ISBN 978-7-5096-5902-1

Ⅰ.①中… Ⅱ.①国… Ⅲ.①外汇储备—研究—中国 Ⅳ.①F822.2

中国版本图书馆 CIP 数据核字（2018）第 166496 号

组稿编辑：郭丽娟
责任编辑：胡　茜
责任印制：黄章平
责任校对：王淑卿

出版发行：经济管理出版社
　　　　　（北京市海淀区北蜂窝 8 号中雅大厦 A 座 11 层　100038）
网　　址：www.E-mp.com.cn
电　　话：（010）51915602
印　　刷：北京玺诚印务有限公司
经　　销：新华书店
开　　本：720mm×1000mm/16
印　　张：11
字　　数：177 千字
版　　次：2018 年 9 月第 1 版　2018 年 9 月第 1 次印刷
书　　号：ISBN 978-7-5096-5902-1
定　　价：68.00 元

·版权所有　翻印必究·

凡购本社图书，如有印装错误，由本社读者服务部负责调换。
联系地址：北京阜外月坛北小街 2 号
电话：（010）68022974　邮编：100836

前　言

2001年以来，我国官方外汇储备开始持续迅猛增加，出现了自1994年外汇体制改革以来的第二个高速增长期。2006年2月起，中国就已超过日本成为世界第一大外汇储备国。中国人民银行最新发布的统计数据显示，截至2009年12月底，我国官方外汇储备已达2.4万亿美元。高额的外汇储备不仅带来了巨额的外汇占款和由此引发的冲销成本，而且在美元这一国际主要储备货币长期贬值和国际金融危机阴影还未完全退却的背景下，我国高额的外汇储备还面临着巨大的汇率风险、利率风险、流动性风险和政治风险等。因此，对外汇储备进行风险管理（特别是币种结构优化）已是我国亟待解决的重大问题。

遗憾的是，我国理论界关于外汇储备问题的研究大多集中于外汇储备适度规模管理上，对于外汇储备的风险管理特别是币种结构的研究上也主要以定性的经验判断为主，还缺乏一些必要的定量分析工具，在广度与深度上都需要进一步的深入研究。为此，结合我国外汇储备风险管理的实践，我们运用Markowitz资产组合理论、模糊决策理论、计量经济等理论和方法，建立起符合我国实际的外汇储备风险管理框架，系统地研究了我国外汇储备币种结构问题，为外汇储备投资决策提供有力支持。

我们对外汇储备币种结构估计、优化配置及调整策略的一个完整流程进行了系统研究，主要包括四个部分：外汇储备币种结构预备分析、外汇储备币种结构的现实估计、我国外汇储备最优币种结构理论与实证研究、我国外汇储备结构调整策略。既有规范研究，又有实证研究；既回答了我国外汇储备币种结构"是什么"的问题，又回答了我国外汇储备币种结构"应该是什么"的问题。

在第一部分中,作者分析了中国外汇储备货币结构管理的制度框架与现状,总结了影响外汇储备币种结构的主要因素,介绍了资产组合模型、海勒—奈特模型和杜利模型三种传统模型。

在第二部分中,作者首先分析了外汇储备资产币种配置与风险选择、投资收益之间的关系。假设外汇储备规模的变化将影响国家外汇储备资产投资的风险选择,用三次效用函数刻画外汇储备资产投资在安全性、流动性和收益性三原则之间的权衡关系,建立了基于效用最大化下外汇储备资产投资的币种结构理论模型,并利用真实数据,构建外汇储备币种结构与风险收益之间的一般线性计量模型和"多元时序和滞后协整混合模型",采用了协整分析、格兰杰检验、脉冲响应和方差分解等多种方法进行综合分析。其次在借鉴盛柳刚、赵洪岩(2007)的模型与方法的基础上,进行一定的拓展,并利用2000~2009年的季度数据,在外汇储备包含储备货币数量不同的四种假设下,分别估计了我国外汇储备币种结构及收益率。

在第三部分中,作者将模糊决策理论引入外汇储备的货币结构管理中。通过对影响外汇储备货币结构的各种相关经济因素的分析,应用模糊规划方法将各种宏观经济因素和盈利、风险因素在模型的多个约束条件和目标中加以考虑,建立一个多约束多目标的最优化模型,这样既考虑了外汇储备作为一项资产的营利性及风险性,又兼顾了外汇储备执行功能的实现,克服了回归分析方法和纯粹的资产选择方法的弊端。此外,从近几年来我国外汇储备经营管理的实践来看,我国的外汇储备管理已经与国际基金管理业接轨,按专业化和国际化的国际基金管理模式运作,在资产管理上采用国际通行的以投资基准为核心的经营管理模式。因此,设立了两个投资基准和三种市场风险制度,构建了基于多投资基准和多风险制度的最优投资组合优化模型,分别在收益率的正态分布和非正态分布、固定风险厌恶度和变动风险厌恶度的假设情况下,模拟分析了外汇储备的币种结构及其变动趋势。

在第四部分中,作者根据第二部分和第三部分中我国外汇储备币种结构的现实估计和最优币种结果,提出了怎样实现外汇储备最优币种结构的调整策略。外汇储备结构包括币种结构和资产结构,外汇储备资产种类大体分为债权

前言

类资产和股权类资产。所以,我们从币种结构调整、债权类资产结构调整和股权类资产结构调整三个方面进行具体分析和探讨外汇储备结构调整问题。在币种结构方面,由于我国外汇储备规模巨大及国际金融市场动荡加剧,建议放弃纯粹的消极多元化调整策略,灵活运用积极多元化和稳定多元化策略对我国外汇储备币种结构进行调整;在债权类资产结构调整方面,由于短期债券的收益率处于历史最低位,是我们提供减持短期债券的最好时机。美国长期债券收益率处于高位,但如果在未来收益率出现下降,也就是我们减持长期债券的时候了;在股权类资产结构调整方面,我们运用进化金融理论思想对其进行分析,建议在投资股权类资产时按其相对收益率进行比例投资,而不能看到哪家公司收益好就把资金大量投入,否则会使财富遭受损失。例如,2008年7月中钢集团以13.6亿澳元的价格收购澳大利亚Midwest Corporatio 97%的股权;2008年9月26日中石化集团以19亿加元按每股31.5加元收购加拿大公司Tanganyika Oil全部股票;紫金矿业和厦门建发集团有限公司于2007年3月以14亿元现金要约收购英国蒙特瑞科公司(Monterrico)89.9%股权等。进化金融理论指出,把所有的资金投资于当时收益率最高的某只股票是不合理的。

目 录

第一章 绪 论 ··· 1
  第一节 选题背景和意义 ··· 1
  第二节 文献综述 ·· 5
    一、国外"外汇储备币种研究"综述 ··· 6
    二、国内"外汇储备币种研究"综述 ··· 9
  第三节 研究的主要内容及框架 ··· 17
  第四节 研究的改进与创新 ··· 19

第二章 中国外汇储备币种结构的制度框架与现状分析 ············ 21
  第一节 外汇储备币种结构管理的演变与发展 ····························· 21
    一、金本位制时期 ··· 21
    二、金汇兑本位时期 ··· 22
    三、布雷顿森林体系时期 ·· 22
    四、多种货币外汇储备体系时期 ··· 23
  第二节 中国外汇储备形成机制及功能 ·· 24
  第三节 我国外汇储备的增长历程 ·· 26
  第四节 中国外汇储备币种结构现状分析 ····································· 29
  第五节 中国外汇储备货币结构存在的问题 ································ 31
    一、美元比例过大面临的汇率风险 ··· 32
    二、美元比例过大带来的流动性风险 ······································· 33
    三、期限结构错配风险 ··· 33

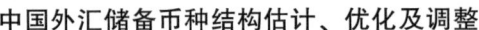

　　四、政治风险 …………………………………………………… 34
　第六节　本章小结 ………………………………………………… 35

第三章　影响我国外汇储备币种结构的因素分析 ……………………… 37
　第一节　我国贸易结构对外汇储备币种结构的影响 …………… 37
　第二节　外债对我国外汇储备币种结构的影响 ………………… 39
　第三节　外商直接投资对我国外汇储备币种结构的影响 ……… 41
　第四节　储备货币风险收益对我国外汇储备币种结构的影响 … 42
　第五节　汇率制度安排对我国外汇储备币种结构的影响 ……… 43
　第六节　其他影响因素 …………………………………………… 44
　第七节　本章小结 ………………………………………………… 45

第四章　外汇储备币种结构选择的传统模型 …………………………… 47
　第一节　资产组合选择模型的理论基础和模型框架 …………… 47
　　一、马柯维茨理论的假设条件 ………………………………… 48
　　二、投资组合的可行域及有效边界 …………………………… 48
　　三、投资组合的无差异曲线 …………………………………… 49
　　四、最优投资组合的选择 ……………………………………… 50
　　五、马柯维茨均值—方差模型在外汇储备币种结构中的应用 … 51
　第二节　外汇储备币种结构选择的海勒—奈特模型 …………… 57
　　一、汇率制度 …………………………………………………… 58
　　二、贸易收支结构 ……………………………………………… 59
　第三节　外汇储备币种结构选择的杜利模型 …………………… 60
　第四节　本章小结 ………………………………………………… 62

第五章　风险选择、投资收益与外汇储备资产币种配置 ……………… 63
　第一节　外汇储备币种结构理论模型 …………………………… 63
　第二节　计量模型与实证研究 …………………………………… 67
　　一、变量选取的说明 …………………………………………… 67

二、单位根检验 …… 68
三、协整分析 …… 69
四、Granger 因果检验 …… 70
五、脉冲响应函数 …… 70
六、多元时序和滞后协整混合模型 …… 72
第三节 本章小结 …… 74

第六章 我国外汇储备币种结构的估计 …… 77
第一节 外汇储备币种结构估计的数学模型 …… 77
第二节 模型结构变化检验 …… 79
一、CUSUM 检验 …… 80
二、CHOW 检验 …… 80
第三节 包含结构变迁的模型 …… 81
第四节 实证研究 …… 82
一、储备货币的选择及数据说明 …… 82
二、单位根检验 …… 84
三、假设外汇储备只包含一种货币：美元 …… 85
四、假设外汇储备包含两种货币：美元和欧元 …… 87
五、假设外汇储备包含三种货币：美元、欧元和日元 …… 90
六、假设外汇储备包含四种货币：美元、欧元、日元和英镑 …… 92
第五节 本章小结 …… 94

第七章 我国外汇储备最优币种结构配置模型及实证研究（上） …… 95
第一节 最优币种结构配置模型建立 …… 96
第二节 实证研究 …… 100
一、我国外汇储备的货币与基准货币选择 …… 100
二、准随机数 …… 100
三、协方差矩阵与相关系数矩阵估计 …… 101
四、参数估计及模拟结果分析 …… 102

第三节 本章小结…………………………………………… 110

第八章 我国外汇储备最优币种结构配置模型及实证研究（下） ……… 111
第一节 多基准多风险制度模型的建立…………………… 112
第二节 实证研究…………………………………………… 113
　　一、我国外汇储备的币种选择………………………… 113
　　二、收益分布检验……………………………………… 114
　　三、投资基准与风险制度的选择……………………… 115
　　四、计算结果及分析…………………………………… 116
第三节 本章小结…………………………………………… 122

第九章 外汇储备结构调整策略研究 ……………………………… 123
第一节 币种结构调整……………………………………… 123
　　一、世界外汇储备币种变化…………………………… 123
　　二、各国外汇储备币种变化案例……………………… 126
　　三、我国外汇储备币种的调整问题分析……………… 128
第二节 债权类资产结构调整……………………………… 132
　　一、债券类资产调整策略……………………………… 134
　　二、以美国国债为例来说明国债资产的调整策略…… 137
第三节 股权类资产结构调整……………………………… 140
　　一、固定策略的离散进化金融模型简介……………… 141
　　二、模拟分析…………………………………………… 143
第四节 本章小结…………………………………………… 152

结　论 ………………………………………………………… 153

附　录　资产的股息数据 …………………………………… 157

参考文献 ……………………………………………………… 159

第一章 绪 论

第一节 选题背景和意义

外汇储备（Foreign Exchange Reserve），又称为外汇存底，是货币当局所持有的可兑换货币和用它们表示的支付手段和流动性资产。它与货币当局的黄金储备、在国际货币基金组织的头寸、特别提款权及其他债权一起构成一国（或地区）的国际储备，是国际储备中规模最大、增长最快、地位最重要的资产。外汇储备作为国际储备的主体部分，是一个国家经济金融实力的标志，是保证国际支付、调节国际收支、稳定汇率及维持一国国际信誉和地位的基础。所以，外汇储备的增加，不仅增强了我国的国际支付能力，也有利于增强我国宏观调控与防范国际经济、金融风险的能力。2001年以来，我国官方外汇储备开始持续迅猛增加，出现了自1994年外汇体制改革以来的第二个高速增长期。2006年2月起，中国就已超过日本成为世界第一大外汇储备国。中国人民银行最新发布的统计数据显示，截至2009年12月底，我国官方外汇储备已达2.4亿美元。但是高额的外汇储备不仅带来了巨额的外汇占款和由此引发的冲销成本，而且在美元这一国际主要储备货币中长期贬值和美国次贷危机引起全球金融经济危机发生的背景下，我国高额的外汇储备还面临着巨大的汇率风险、利率风险和流动性风险等。因此，对外汇储备进行合理有效的风险管理特别是币种结构优化就成为当前理论界和实践界研究并讨论的热点问题。

从全球的角度来看（见图1-1），2000年1月到2008年12月，全球外汇储备从1.8万亿美元上升到6.9万亿美元，增长了2.8倍；发展中国家外汇储备从1.1万亿美元增加到5.4万亿美元，增长倍数接近4倍；而发达国家外汇储备从0.7万亿美元只增加到1.5万亿美元，增长了仅1.1倍。从图1-1还可以看出，所有国家和发展中国家的外汇储备增长非常快，且增长趋势基本相同，而发达国家的外汇储备增长趋势平缓。发展中国家外汇储备在所有国家外汇储备中的占比从2000年1月的59.7%迅速上升到2008年12月的78.2%；相反，发达国家外汇储备在所有国家外汇储备中的占比从2000年1月的40.3%迅速下降至2008年12月的21.8%，由此可见全球储备的迅速增长主要来自发展中国家。另外，根据国际清算银行（Wooldridge，2006）的季度报告统计结果，截至2006年3月底，全球货币当局持有的储备资产占全球GDP的11%，发展中国家外汇储备占GDP的比重从20世纪70年代的6%～8%上升到2004年的30%，而发达国家的外汇储备从20世纪50年代以来一直保持在占GDP 5%的水平（Rodrik，2006）[1]。

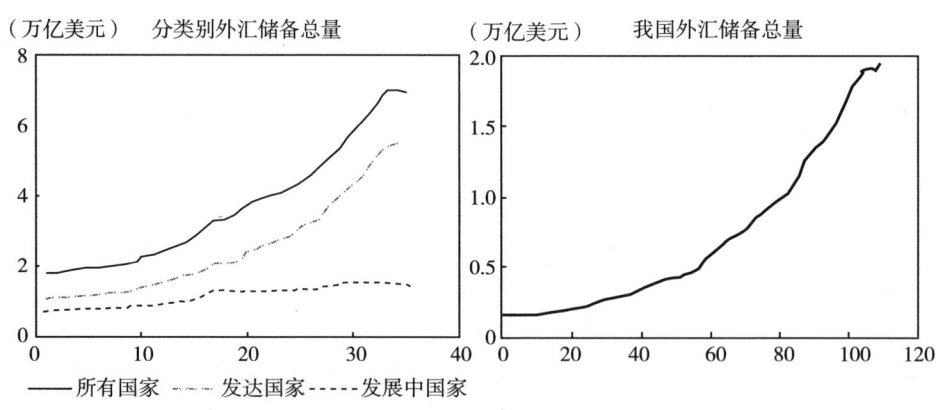

图1-1 世界和我国外汇储备增长情况

资料来源：国际货币基金组织和中国人民银行。

自布雷顿森林体系解体后，外汇储备货币出现了多元化的趋势，单一的外汇储备结构转变为多种储备币种结构。储备货币从单一的美元转变为以美元为主,其他强势货币如欧元、日元、英镑等多种储备货币同时并存的局面。在图 1-2 中,虽然不同储备货币在所有国家、发达国家和发展中国家三种类别中变化趋势不尽相同,但总体上来看,美元和日元比例呈下降趋势,而欧元和英镑是递增的。根据国际货币基金组织 COFER (Currency Composition of Official Foreign Exchange Reserves) 所公布的数据,美元储备比例在 2001 年第三季度达到峰值,为 72.7%,之后逐渐下降到 2008 年第三季度的 63.0%。发达国家外汇储备中美元资产波动相对较小,一直在 70% 左右;欧元资产占 19% 左右;而发展中国家美元资产比例则从 2000 年的 70% 下降到了 2008 年的

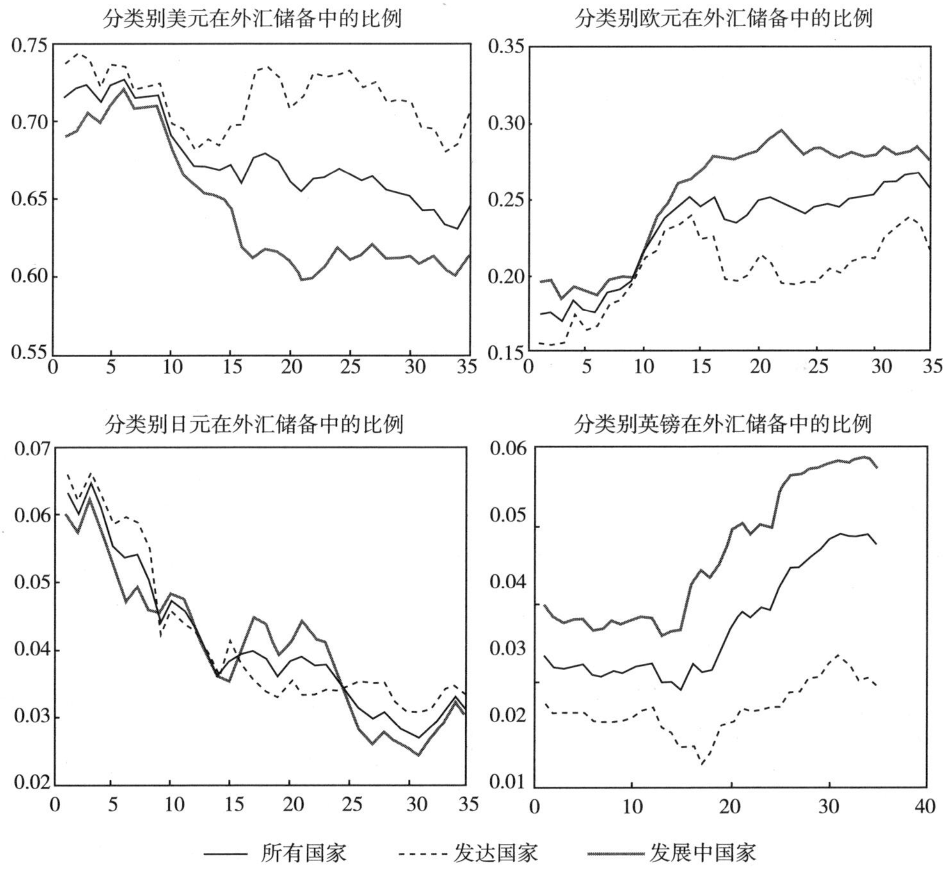

图 1-2 世界外汇储备各储备货币的比例变化趋势

资料来源:国家货币基金组织 COFER。

60%，同期欧元资产比例则由20%上升到29%。这说明2001年以后美元资产下降的主要原因是发展中国家减持。但是需要注意的是，COFER数据库所统计的所有国家的外汇储备占全球外汇储备的67%~78%，涵盖的国家只有114个，其中包括全部的发达国家24个，但全球160个发展中国家只包括了90个，只占发展中国家外汇储备的52%~64%，尤其重要的是没有中国的数据。另外，李振勤、孙瑜（2003）根据美国财政部公布的统计数据进行推算，我国外汇储备中美元资产约为70%，在资产结构上主要投资于高信用等级的政府债券、国际金融组织债券、政府机构债券和公司债券等金融资产[2]；庞大的外汇储备过度集中于美元资产，正如"将所有鸡蛋放在一个篮子里"的做法，显然是危险的。

国际货币基金组织（IMF）于2001年发布的外汇储备管理指导性文件——《外汇储备管理指南》（*Guidelines for Foreign Exchange Reserve Management*）及随后发布的《配套文件》（*Accompanying Document*）也确切地指出，需要建立一个完整的外汇储备风险管理框架。首先，这个框架可以确认和评估储备管理所面临的风险，且确保这些风险在可接受的水平上。其次，储备管理机构可以在这个框架下利用公认的投资组合原理来决定储备资产结构，以控制外部风险的暴露。此外，还必须具备一个战略性资产配置方案，并将之具体化为投资组合基准，以反映储备管理的政策目标及风险约束。

在世界经济格局发生重大变革、金融市场得到迅猛发展、市场波动性加剧和市场风险复杂化情况下，我国外汇储备币种结构也应得到及时的调整。当然，值得注意的是，目前我国外汇储备数量较大，这意味着中国外汇储备币种结构的调整将会影响市场价格。这一特点决定了中国外汇储备币种结构调整应当采用渐进方式，这不仅有利于全球经济稳定，也有利于中国外汇储备价值的稳定。例如，如果中国迅速将美元国债储备转换成欧元储备，则大量抛售很有可能会使美元国债收益率迅速上升，这将导致中国继续持有的美元储备的贴现值下降。即使假设美元跌势短期内还将持续，欧元储备增加导致的外汇储备账面价值增长能否抵消继续持有的美元储备账面价值减少就会成为疑问。因此，如何通过外汇储备币种结构的调整来缓解美元贬值所带来的汇率风险，以及在保持外汇储备安全性及流动性的基础上提高外汇储备的收益性，如何调整外汇储备币种结构使其在保证国际支付、调节国际收支、稳定汇率及维持一国国际信誉和地位等方面发挥更好的作用，如何渐进地调整币种结构以避免对国际金融资产价格造成重大冲击等重大问题，都是我国政府面临的迫切任务，也是外汇储备结构管理中亟待解决的重大问题。

然而，遗憾的是，我国理论界关于外汇储备问题的研究大多集中于外汇储备总量和适度规模管理上，而对于外汇储备的风险管理特别是币种结构的研究也是根据定性的经验判断为主，还缺乏一些必要的定量分析工具，无论在研究的广度还是深度上都需要进一步深入研究。此外，从近几年我国外汇储备管理的实践来看，我国外汇储备已采用国际通行的以投资基准为核心的管理模式，在明确、完善的授权体系下，按国际基金的管理模式进行专业化运作。由此看来，国内学界的理论研究远远落后于储备管理的实践，理论研究难以对管理实践形成决策支持。

所幸的是，风险管理技术经过 30 多年的发展，国外投资组合风险管理的理论与方法已相当成熟，其主要包括三种思路：一是 Markowitz 资产组合理论框架下的投资组合风险管理；二是建立在 Black Scholes 模型上的衍生工具风险管理理论及方法；三是基于风险在险价值（VaR）及其拓展模型的风险管理理论及方法。为此，我们试图对外汇储备风险管理的理论，特别是外汇储备风险管理中的币种结构理论模型开展深入具体的研究，总结并发掘外汇储备风险管理的一般规律和方法，结合我国外汇储备风险管理的实践，运用基于 Markowitz 资产组合理论框架下的投资组合风险管理、基于 Black Scholes 模型上的衍生工具风险管理和 VaR 及其拓展模型的风险管理、计量经济等理论和方法，建立起符合我国实际的外汇储备风险管理框架；以期通过我们的研究为进一步完善我国外汇储备管理的各个环节，提高风险管理对外汇储备投资决策的支持力度做出贡献。这也是本书的研究意义所在。

第二节　文献综述

关于外汇储备币种结构最早的文献应该是 Heller 和 Knight（1978）[3]，在

中国外汇储备币种结构估计、优化及调整

这之前学术界讨论的基本上集中于黄金、外汇储备和国际货币基金组织头寸等之间的分配问题上,所以很少有专门论述外汇储备币种结构的文献。从总体上看,至今对外汇储备币种结构的研究可分为两类:实证研究和规范研究。其中实证研究主要是运用回归分析等统计方法来回答外汇储备币种结构"是什么"的问题,而规范研究主要是运用 Tobin 和 Markowitz(1952)[4]的均值—方差资产选择模型及其拓展理论来回答外汇储备币种结构"应该是什么"的问题,也就是外汇储备最优币种结构的问题。

一、国外"外汇储备币种研究"综述

在实证研究中遇到的困难是,大部分国家的外汇储备币种结构是保密的,数据很难获得。国际货币基金组织收集了 114 个国家外汇储备币种结构数据,但也只公开发布所有国家、发达国家和发展中国家三类总体外汇储备币种结构数据[参见 Currency Composition of Official Foreign Exchange Reserves (COFER) Database]。Heller 和 Knight(1978)首次利用 COFER 数据,建立了反映汇率安排和贸易结构的计量模型进行回归分析,讨论了一国的汇率制度安排与贸易结构对持有币种分配的影响,研究发现,一国的汇率制度和贸易结构是决定外汇储备币种结构的重要因素[3]。Dooley 等(1989)认为对发展中国家而言,支付外债是外汇储备的主要功能之一。因为如果一国所持外汇储备资产与需要偿付的外债币种不同,则在偿付期会出现交易成本和汇率风险损失。同时,央行在外汇市场上的兑换行为,会加剧外汇市场波动,从而扩大汇率变动带来的损失。另外,通过数据分析可以发现,发展中国家的储备币种结构与外债之间的相关系数很高,因此,建立包括外债结构的计量经济模型更精确、更具有现实意义[5]。Eichengreen(1998)[6]选取 1971~1995 年美国、德国、英国、日本四个储备货币国的年度数据建立计量模型,估计了各国产出和对外贸易相对规模对世界外汇储备结构的影响。结果表明,在长期内,储备货币国的 GDP 占世界 GDP 比重每上升 1 个百分点,将导致该国货币在世界外汇储备中的比例增加 0.8 个百分点;而储备货币国对外贸易占世界贸易比重每上升 1 个百分点,会导致该国货币在世界外汇储备中的比重增加 0.4 个百分点。Eichengreen 和

Mathieson（2000）[7]考虑的影响因素包括汇率制度安排、外债结构、对外贸易结构、资本账户是否可以自由兑换以及各种储备货币的利率，利用84个国家或地区1979~1996年的数据，分别建立了美元、德国马克、日元和英镑四种货币的模型进行分析。结果表明上述因素对一国的外汇储备结构都会产生影响，且各国的外汇储备结构具有历史延续性，所有的影响因素只能渐进地改变其结构。Chinn 和 Frankel（2005）[8]运用 COFER 总体数据，通过回归分析研究储备货币发行国的主要特征对储备货币在世界外汇储备中的份额的影响，结果发现，发行储备货币国家的生产总值、通货膨胀指数、汇率波动率和金融市场发展程度决定着其在外汇储备中的份额。Pringle 和 Carver（2003，2005）[9,10]对一些国家中央银行的调查显示，钉住汇率制、外债、贸易及地理政治因素对储备币种结构具有重要影响，45家央行中的39家回答它们已经增加了欧元，此外，29家减少了美元，只有15家央行增加了美元。大部分被调查者表示，他们正在考虑一些有高回报、流动性较高、与其他主要货币有低关联性的替代货币来进一步分散风险（如瑞典和挪威克郎、澳元和加元）。

从上述实证性文献来看，都是从外汇储备的特点和职能去研究各种储备货币的比例，模型没有考虑到外汇储备作为实际金融资产本身存在的风险和收益等因素的影响，且都是根据过去的数据总结得出其惯性发展结果，能回答"是什么"的问题，却难以根据随时变化的情况提出及时的应对措施，而这正是规范研究所要回答的问题。

Ben-Bassat（1980）[11]在考虑进口币种结构的约束条件下运用 Markowitz 均值方差最优化理论计算出以色列国家的最优币种，并与实际币种数据进行比较，发现投资组合理论在外汇储备币种结构分析中存在合理性，不过他研究的仅是新兴市场国家（Emerging Markets），并没有考虑到工业化国家。Dellas 和 Yoo（1991）[12]分别运用均值方差模型和消费资产资本定价模型（CCAPM）来研究韩国（South Korea）的储备币种结构，在两个模型中同样都添加了进口币种结构约束条件，他们发现中央银行的外汇储备投资组合很接近均值方差模型的有效边界，且在 CCAPM 模型中不拒绝进口币种结构约束，当然，他们也不否认这两个模型在储备币种运用中的局限性。Papaioannou，Portes 和 Siourounis（2006）[13]建立动态均值方差最优化模型研究世界总体外汇储备币种结构，采用了不同的计价货币（Reference Currencies），运用不同的方法估计各币种的收益率均值和协方差矩阵，添加不同的约束条件来反映不同的交易需求，分别对四个新兴市场国家（巴西、俄罗斯、印度、中国）进行了数值模拟。结果发现计价货币的选取对结论有重要的影响，美元的实际份额与模型的最优解趋于一致；欧元的实际份额比最优解要高得多；Wu Yi（2007）[14]运用动态均值方差优化模型对中国外汇储备币种结构进行了研究。在实证研究中，假设利率平价成立，汇率服从正态分布，以各储备货币的流动性、我国外债结构、贸易结构和汇率制度等作为约束，预期收益率作为目标函数，利用1999年12月至2007年6月的数据对我国外汇储备币种结构进行了实证研究，得出各储备货币的一个比重区间：美元为47%～58%、日元为13%～18%、欧元为8%～10%。Roland Beck 和 Ebrahim Rahbari（2008）[15]运用最小化方差模型研究24个新兴市场国家外汇储备中美元和欧元的比例关系，同样得出美元和欧元的最优比例关系取决于计价货币的选取。作者还发现美元债券和欧元债券在发生资金突然逆转时扮演着"安全货币"的角色，其中，美元在全球资本和亚洲、拉丁美洲资本突然发生逆转时起到了很好的套期保值作用，而欧元在欧洲新兴市场发挥很好的套期保值作用。另外，与以往文献不同的结论是，外债币种结构对外汇储备最优币种结构所起到的作用非常小。

有些调查研究文献对"投资组合"持支持观点，也有的持反对观点。Reddy（2003）[16]和 De Leon（2003）[17]对印度和加拿大央行的资产管理方法调查研究说明了这些机构在主要国际货币持有方面有追求均值—方差组合多元化的趋势。Roger Scott（1993）[18]研究发现，大多数工业国家的外汇储备结构变化的主要原因不是资产组合的结果，而是外汇市场干预的结果。

从以上文献来看，基于回归分析方法的外汇储备币种结构实证研究主要从央行执行储备职能的偏好上进行了分析，而基本没有考虑各储备货币之间的收益率和风险等因素；恰恰相反，基于 Markowitz 均值—方差资产选择模型及其拓展理论的外汇储备币种结构规范研究主要考虑到储备货币之间的收益率和风险等因素，却没有考虑到央行的投资决策不同于一般投资者，其决策受多种因素的制约，在考虑风险收益的同时应顾及外汇储备的职能要求。正是在这种情况下，Srichander Ramaswamy（1999，2003）[19,20]将模糊决策理论引入了外汇储备的货币结构管理中，通过对影响外汇储备货币结构的各种相关经济因素的分析，应用模糊规划方法将各种宏观经济因素和盈利、风险因素在模型的多个约束条件和目标中加以考虑，建立一个多约束多目标的最优化模型，这样既考虑了外汇储备作为一项资产的营利性及风险性，又兼顾了外汇储备执行功能的实现，克服了回归分析方法和纯粹的资产选择方法的弊端。B. Scherer 和 A. Gintschel (2004)[21]构建了基于多投资基准和多风险制度的最优投资组合优化模型，模拟分析了外汇储备的币种结构及其变动趋势。

二、国内"外汇储备币种研究"综述

我国外汇管理局和中国人民银行定期发布外汇储备余额的数据，但并没有披露外汇储备的具体构成。所以对于我国学者来说，研究外汇储备币种结构缺乏数据的支持。从国内已有的研究成果来看，我们把它们大致分为五类：①将 Markowitz（1952）[4]的均值—方差资产选择模型及其拓展理论于储备结构的规范研究；②基于"回归分析"方法的实证研究；③用外债结构、贸易结构等数据比较主观地估计外汇储备币种结构；④其他定量相关文献；⑤定性研究文献。

（一）基于"投资组合"方法的规范研究

外汇储备作为一种实际金融资产，存在风险收益的要求，所以用投资组合来研究我国外汇储备币种结构有其合理性。

易江、李楚霖（1997）[22]以外汇储备风险最小化为目标，讨论了在允许卖空和不允许卖空两种情景下外汇储备的最优组合，并计算出了在不允许卖空条件下储备的最优投资组合，分别为日本 57.7%、瑞典 19.7%、丹麦 4.02%、比利时 15.63%、中国香港 2.88%。陈建国、谭戈（1999）[23]认为一国货币当局持有黄金、外汇、特别提款权等，其目的在于提供一种最终的国际债务清偿能力。因此，应该从偿还国际债务的角度来确定各种储备资产的相对价值。假如货币当局的偏好是确定的且可以用一经验函数来反映，则可通过运用均值—方差最优化方法描绘资产组合的有效边界，进而得出储备的最优资产结构。马杰、任若恩和沈沛龙（2001）[24]从外汇市场的变化出发，采用 Markowitz 的证券组合理论的思想，把外汇储备整体看成一个证券组合，通过分析这个证券组合的最优资产配置比例来确定一国外汇储备资产的构成。与一般的 Markowitz 期望方差模型相比，其突出的优点是，他考虑了各种储备货币的预期汇率波动率和确定了各储备货币的最低收益率，在这种情况下求解出来的外汇储备最佳结构更切合实际。朱淑珍（2002）[25]选取美元、日元、英镑、欧元等六种外汇作为组合投资的选择对象，用美元来计价，根据马克维茨模型计算外汇储备最优组合的有效边界，给出了最优的外汇储备结构的调整建议。滕昕、李树民（2006）[26]研究发现，日元在投资组合中降低风险提高收益的作用有限。欧元在组合中的比例很低，英镑和加元在组合中的比例很高。黄金、周锐（2007）[27]从高额外汇储备的汇率风险角度出发，分别分析了美元、欧元、英镑和日元等主要储备货币的平均汇率收益率和风险及各种储备货币的相关性，结果是我国应该适度增加欧元和英镑，以分散汇率风险。

（二）用外债结构、贸易结构等数据主观估计储备币种结构

外汇储备的功能主要包括以下四个方面：一是调节国际收支，保证对外支付；二是干预外汇市场，稳定本币汇率；三是维护国际信誉，提高对外融资能力；四是增强综合国力和抵抗风险的能力。外汇储备既可以增强宏观调控的能力，又有利于维护国家和企业在国际上的信誉、拓展国际贸易、吸引外国投资、降低国内企业融资成本、防范和化解国际金融风险。外汇储备结构应尽可能地与这些因素相匹配，如贸易结构、外债结构、实际利用外资等。

金艳平、唐国兴（1997）[28]和金发奇、姜永凤（2008）[29]分析了外汇储备币种结构的主要影响因素：①一国对外贸易结构；②外债的币种构成；③国际货币体系中主要货币的地位及其市场的深度、广度和弹性；④储备货币的汇率、利率和风险指标；⑤经济政策。首先根据这五个影响因素分别确定储备币种结构，其次进行加权平均（当然权重是带有很大的主观性）。他们也强调，外汇储备币种结构不是一成不变的，随着国际经济和国内经济的变化，外汇储备的币种结构必然会有所变化，所以我们要以动态的眼光看待中国的外汇储备币种结构。宋铁波、陈建国（2001）[30]和刘志雄（2006）[31]讨论了我国的贸易

结构、外债结构以及储备货币的风险收益和我国的汇率制度等因素对我国外汇储备币种组合的影响,并根据各因素对外汇储备币种分配的影响程度赋予相应的权重,测算了有无欧元两种情况下的储备币种组合。张文政、许婕颖(2005)[32]认为适应目前中国国情的外汇储备币种可以包含美元、日元、欧元和英镑等货币。为了兼顾各方面因素,结合海勒—奈特模型与杜利模型综合考虑贸易结构、外债结构与汇率制度等因素后,得出我国外汇储备币种分配的合理比例。邵新力、李蕾蕾(2007)[33]针对我国外汇储备的现状,选取了八个影响因素对我国外汇储备货币组合进行分析,并利用因子分析法从八个变量中提取四个公共因子,得出四种货币的综合得分,最后得出我国外汇储备中四种货币(美元、日元、欧元及英镑)的权重分别为42.1758%、24.2346%、23.0353%、10.5543%。结合以上的分析结果,提出我国外汇储备货币组合管理的策略。

(三) 基于"回归分析"方法的实证研究

由于我国外汇储备币种结构数据是保密的,所以在运用"回归分析"方法进行实证研究时没办法获得精确的币种结构数据,只能通过其他的数据进行估计或近似。如可以用国际货币基金组织的COFER数据来近似我国储备结构数据,也可以利用美国财政部公布的我国购买的美国国债数据来近似我国外汇储备美元资产数量,还有外汇储备的变动率可以用我国外汇占款变动率来近似等,有了这些近似数据,我国一些学者在这方面做了一定的研究。

许承明(2001,2003)[34,35]认为,随着世界外汇交易系统的发展与完善,储备币种之间的互换变得便利,外汇储备货币的风险收益在外汇储备币种结构中的作用就更加重要。根据1980年以来的数据,他采用回归分析方法分析了实际收益率和风险对美元和日元在世界外汇储备中比例变化的影响效应,即实际收益率对世界美元和日元储备比例有显著的正效应,实际有效汇率指数的变动率对美元和日元的比例具有显著的负效应;而且说明了储备货币在世界外汇储备中的比例是由实际收益率、汇率变动率以及储备货币本身的动态等多方面因素所决定的。盛柳刚、赵洪岩(2007)[36]假设外汇储备由美元和欧元两种资产构成,认为每期的外汇储备数量等于上一期外汇储备带来的收益、本期交易净增外汇以及汇率变化导致的损益三者之和。根据这一会计恒等式建立计量模型，通过回归分析估计 2000~2006 年中国外汇储备的收益率和欧元资产比例。研究指出：欧元资产比例明显上升，且欧元资产比例上升的原因中汇率变化因素占了主导作用，贡献了总变化的 63%，其余 37% 是由于我国货币当局增持欧元资产导致的。这说明中国政府并没有大规模抛售美元资产或增持欧元资产。刘莉亚（2008）[37]在盛柳刚、赵洪岩（2007）[36]模型和方法的基础上增加了对误差与遗漏项的考虑。在假设持有美元、欧元、日元三种币种结构的前提下，构建了我国外汇储备增长率的分解方程，利用 Recursive Residual 和虚拟变量法来处理异常点，同时借助 CUSUM 检验确认了 2003 年 8 月为结构性断点，继而分为两个子样本分别估计，并得出：①2003 年 8 月前，中国外汇储备平均收益率大约为 3.66%，欧元比例大约为 11.78%；2003 年 8 月后欧元比例上升至 21.79%，收益率小幅上升至 4.03%。②利用估计出的币种结构进一步对收益率进行调整，并将调整后的收益率与我国同期的 GDP 增长率和 FDI 投资回报率进行对比，说明改变现行的消极管理模式为强调市场化手段、旨在提高以收益率为特征的积极管理模式的必要性。

（四）其他定量相关文献

由于运用"回归分析"和"投资组合"研究外汇储备币种结构存在一定的不足，我国学者在借鉴国外理论的基础之上，积极探索新方法来研究我国外汇储备币种结构问题，如将国际货币兑换结构模型、层次分析方法、金融衍生工具、模糊决策理论等理论运用在我国储备结构上的研究得到了很好的效果。

邹全胜（2005）[38]采用国际货币兑换结构模型，对美—欧—中三国模型进行实证分析，主张中国的外汇储备要与中国外向型经济基本国情相配合，在实现储备货币营利性及低风险性的同时，也应考虑储备货币兑换的方便性与交易成本大小，不能单纯随美元汇率的短时期涨跌而改变自己的储备结构。王国林、牛晓健（2006）[39]根据国际货币基金数据分析了 1995~2004 年的币种结构变化趋势。从年度数据中可以发现：美元在官方持有的全外汇储备中所占的份额先升后降，欧元的份额则不断上升，而日元的变化趋势恰好和欧元相反，英镑的走势稳中趋升。作者把币种结构的变动分解为两种变动：数量和价格两部分，在某种情况下，尽管持有美元的数量一直在增加，但由于美元贬值，价格变动有些年份为负增长，从而导致增长速度趋缓甚至为负。杨胜刚、谭卓（2007）[40]把一国的外汇储备看作一个具备保证支付能力、干预外汇市场、保值增值等一系列功能的系统，考虑汇率安排、贸易与收支结构、外债结构和风险与收益等作为影响外汇储备货币结构的主要因素。然后，运用层次分析方法（The Analytical Hierarchy Process，AHP）思想构建了外汇储备货币结构优化管理的目标层、准则层和方案层，再根据具体数据构造两两比较矩阵、计算各要素的权重及各层元素关于总的目标的排序权重等步骤，得出的结论是：中国应适当降低美元所占比重，增加欧元及其他货币的比重。杨胜刚、龙张红和陈珂（2008）[41]借鉴 Markowitz 基本均值方差模型的思想，运用基于双投资基准和多风险制度的投资组合模型对我国外汇储备币种结构配置进行了实证研究。他们先从中国实际出发确定了两个投资基准和三种风险制度，进而在此基础上实证研究了在不同投资基准、不同风险制度和不同风险厌恶度情况下的我国外汇储备币种结构，且给出了在不同风险制度转换过程中所对应的我国外汇储备各币种所占比重的调整方向。杨胜刚、龙张红（2008）[42]引进金融衍生工具——期货，建立了基于期货的 CVaR 模型，并利用现实中的真实数据进行实证研究，比较了在不同的套期保值比例下所对应的 VaR 和 CVaR 及其各储备货币的比重，最后得出结论：适当地利用金融衍生产品期货来进行套期保值可以降低风险；目前我国外汇储备币种结构应该增大欧元比重，降低美元比重。杨胜刚、龙张红和陈珂（2009）[43]借鉴模糊决策理论的满意度概念，从理论上建立了外汇储备币种结构选择的一般最优化模型，从实证上模拟了在不同隶属函数参数和不同汇率路径假设下的中国外汇储备币种结构，并分析了收益率隶属函数参数和利率对中国外汇储备货币结构的影响。

（五）定性相关研究文献

在外汇储备币种结构定性研究方面，国内涌现出大量的文献，研究问题主要集中于：在美元贬值背景下是否减持美元、增持欧元？在现有储备资产中是否增加股权投资而减少债权投资？是否减少外汇储备而去购买黄金和石油？外汇储备在保障安全性和流动性的基础上怎样实现保值增值？

奚君羊（1999，2000）[44,45]指出，汇率的波动导致储备货币之间的转换，这种转换进而又加剧汇率的进一步波动，使之持续大幅度偏离均衡汇率，从而不利于资源的有效分配，即多种货币储备体系存在结构缺陷。此外，对储备货币发行国的国际监督和约束的效能也因为对象的过于分散而受到极度削弱，致使国际储备的供应难以适应客观需要，即多种货币储备体系的数量缺陷。最后，作者倡议用特别提款权作为主要的储备资产，指出特别提款权在许多方面显示了强大的生命力和高效率，以特别提款权作为储备资产不仅可以杜绝多种货币储备体系带来的种种弊端，更重要的是，国际货币兑换过程大为简化，其币值相对稳定，可为世界经济的发展提供较有利的环境。王珍、刘建慧（2004）[46]分别阐述了欧元的诞生对国际结算货币、国际储备货币结构、国际汇率制度改革和区域货币合作的影响，其中在谈到对国际储备货币结构的影响时，根据国际货币基金组织的数据统计，2002年全球各国中央银行的外汇储备中欧元已经占到13%，尽管远远落后于美元的68%，但已大大高于第三位的日元（仅占各国中央银行外汇储备的5%）。欧元对国际储备结构的影响是渐进的和长期的，美元的霸主地位在短时间内不会动摇。随着欧盟经济的发展，欧元在世界各国的外汇储备中会逐渐增加，同时对美元霸权也可能起到某种程度的制约作用，从而克服"世界美元本位制"固有的一些缺陷。者贵昌（2005）[47]也认为目前中国面临的问题是"外汇储备过高，黄金储备不足"，在金价上涨、美元缩水的情况下，中国成为外汇储备损失最为严重的发展中国家，因而要适时调整外汇储备结构，增加黄金储备份额。张明、何帆（2006）[48]根据近30年美元汇率升贬背景下全球外汇储备结构调整趋势情况总结得出：从平均意义上而言，全球持有美元资产与美元汇率的变化是相反的，即当美元升值时，美元外汇储备数量减少；当美元汇率贬值时，美元外汇储备数量增加。原因是全球外汇储备的市场集中度很高，且大部分集中在亚洲，如此大规模的外汇储备，以至于它们在全球外汇市场和金融市场上已经不是价格的接受者了，它们的储备资产多元化行为必将对主要国际货币的汇率和金融产品的价格产生显著影响。亚洲国家大规模减持美元资产造成的美元大幅贬值给自身带来严重后果，从而在美元面临贬值压力时往往倾向于增持而非减持美元资产。因此，在短期和中期内，亚洲国家大规模减持美元资产的情况很难出现，可能出现的情况是亚洲国家在新增外汇储备中增加非美元资产的比重。最后作者分析了我国外汇储备资产结构存在的问题,即偏重于债权投资,忽视了股权投资;偏重于政府债,忽视了机构债和企业债;偏重于信用货币投资,忽视了黄金投资;投资偏重于安全性和流动性,忽视了收益性。李成、杜志斌(2006)[49]根据美国财政部和国际清算银行的统计数据、估计我国外汇储备大部分投资于美元资产,而且这些美元资产很大程度上集中于美国债券上,美国经济的变化会直接影响我国外汇储备的质量,再加上资产的过度集中可能会产生流动性问题,进一步影响储备资产的安全性和营利性。建议不应盲目迷信"外国的一些高收益、低风险、非常安全的债券",而应积极寻找、开拓其他直接或间接的外汇投资渠道,积极调整币种结构,减持美元债券投资,相对增加欧元、日元及其他外币资产的比重,使之适应钉住"一篮子货币"汇率制度。王凌云(2007)[50]认为外汇储备币种结构管理的基本理论主要从三个视角展开了研究:①均值—方差视角的分析;②交易视角的分析;③干预视角的分析。20世纪90年代以来,随着外汇储备功能发生转变,对外汇储备币种结构管理分析的均值—方差框架占据了上风。基于外汇储备币种结构管理的基本原理和国际经验,认为我国的外汇储备币种结构管理重心应向财富功能转移,并根据分档管理确定币种构成的不同基准和计值标准,渐进地调整币种结构。马建会(2007)[51]提出了优化外汇储备的货币结构和资产结构是提高外汇投资收益的重要路径。与世界其他主要持有美国证券类资产的国家和地区相比,我国股权类资产和黄金处于极低的水平,不利于应对长期美元贬值趋势所导致的资产损失风险。所以,在金价大幅上涨和美元贬值的背景下,我们应该增持黄金储备,积极扩大股权投资的比重。刘攀、朱俊波(2007)[52]认为我国外汇储备规模过大,应该进行分类管理,分别是以流动性为目标的常规外汇储备管理和以安全性与收益性为目标的超额外汇储备管理。对于常规外汇储备管理的规模和币种结构,作者主要是从对外汇的实际用途出发进行确定,如进口、偿还外债本息、外国直接投资企业汇出利润和政府干预汇市等用汇;而对于超额外汇储备管理的币种结构主要是从资产的保值和增值的角度出发,但作者没有给予具体的测算,只是以IMF发行的特别提款权的货币篮子构成来代替。郭晓峰(2007)[53]分析了我国外汇储备结构管理中存在的问题:第一,储备币种过于单一,绝大部分是美元;第二,资产形态单一,主要投资于外币存款、外币票据、特别是美国的高信用等级的政府债券、国际金融组织债券、政府机构债券等金融资产,虽然这些资产在主权风险和商业信用风险方面相对安全,但潜在的市场风险却很高;第三,外汇储备的形成形式单一,在强制结售汇制下,中央银行被动地投放基础货币来购买外汇;第四,外汇储备管理的成本太高。作者建议外汇储备投资货币多元化、资产多样化,另外,建立石油储备体系,增持石油外汇储备和适当提高黄金储备的比例。王年咏(2007)[54]认为当前中国的外汇结构优化面临既有紧迫性又具复杂性和挑战性的悖论困境。其成因则是诸多矛盾因素的交织:外汇储备规模庞大但稳定性变数增多,外汇储备增长迅猛但周期性波动频繁,美元持续疲软但美国霸主地位难撼,黄金、能源价格高居不下但"中国因素"短期不易去除。因此,必须谨慎而稳妥地改革外汇储备管理体制,同时稳步推进经济增长模式,由出口和投资主导型向内需主导型转变。吴治成、念双艳(2007)[55]就目前我国外汇储备币种结构的现状及其存在的问题与可能面临的风险进行分析,提出外汇储备币种结构多元化是我国外汇保值、增值的根本途径这一观点。李辉(2008)[56]分析了我国外汇储备结构管理中存在的问题及原因:①储备资产以债券为主,结构单一;②储备货币以美元居多,币种单一;③外汇储备管理的机会成本较高。此外,探讨并提出借鉴韩国和新加坡积极的外汇储备管理经验来提高我国外汇储备结构管理水平的措施。

综上所述,从已有的国内外文献来看,虽然不同的学者用不同的方法对不同的国家外汇储备币种结构的研究会得出不同的结论,但不同的结论中也隐含着部分一致性,现归纳如下:①货币当局倾向于在储备中持有较高份额的货币是其主要贸易伙伴的货币。②外债的货币组成是中央银行储备货币分配的一个重要因素。③中央银行使其国内货币钉住特定货币,倾向于使这一特定货币在其储备中占有较大比率。美元依然是主要支柱货币,但欧元的重要性也正逐渐增强。目前有近50个国家的货币钉住欧元,虽然主要是一些欧盟新成员国和欧盟周边地区国家的货币钉住欧元,但在欧洲势力范围之外的拥有较大货币储备持有的国家也正在将欧元列入其汇率篮子(如中国参考的一揽子货币制度)。④对我国来讲,储备货币以美元居多,币种单一。储备资产偏重于债权投资,忽视了股权投资;偏重于政府债,忽视了机构债和企业债;偏重于信用货币投资,忽视了黄金投资;投资偏重于安全性和流动性,忽视了收益性。

第三节　研究的主要内容及框架

　　本书主要从规范和实证研究两个角度来分析我国外汇储备币种结构管理的问题。在规范研究中，运用了模糊决策理论、金融衍生工具和投资组合等方法来回答我国外汇储备币种结构"最优"的问题；在实证研究部分主要是运用"回归分析"方法来回答我国外汇储备币种结构"是什么"的问题；最后提出现实中币种结构向最优币种结构调整的策略。

　　本书分为四个部分，具体内容如下：

　　第一部分为外汇储备币种结构预备分析，包括第一章至第四章。第一章为绪论，简要阐述了本书的选题背景及研究意义、国内外研究现状、本书的主要内容和结构安排等。第二章为中国外汇储备币种结构的制度框架与现状分析，分析了世界外汇储备货币结构管理的演变与发展，阐述了我国外汇储备币种结构演化过程及存在的问题。第三章为影响我国外汇储备币种结构的因素分析，分别分析了贸易结构、外债、汇率等因素对我国外汇储备币种结构的影响。第四章为外汇储备币种结构选择的传统模型，分别介绍了资产组合模型、海勒—奈特模型和杜利模型三个传统模型。

　　第二部分为当前我国外汇储备币种结构的现实估计，是回答我国外汇储备币种结构"是什么"的问题，包括第五章和第六章。第五章用三次效用函数刻画外汇储备在安全性、流动性和收益性三原则之间的权衡关系，建立了基于效用最大化下外汇储备币种结构理论模型，并利用真实数据进行实证分析。第六章为我国外汇储备币种结构的现实估计，是从外汇储备增长率的会计恒等式去估计外汇储备币种结构。

　　第三部分为我国外汇储备最优币种结构理论与实证研究，是回答我国外汇储备币种结构的"最优"问题，这部分包括第七章和第八章。第七章运用模糊决策理论，把储备资产的币种结构放到多目标模糊决策框架中求解并进行实证研究。第八章在确定投资基准和不同市场风险的基础上，建立一个最大最小优化模型来求解最优币种结构。

第四部分为我国外汇储备币种结构调整策略，包括第九章，论述了币种结构调整和资产结构调整。最后为结论，对全书得出的结论进行总结。

本书的技术路线如图1-3所示。

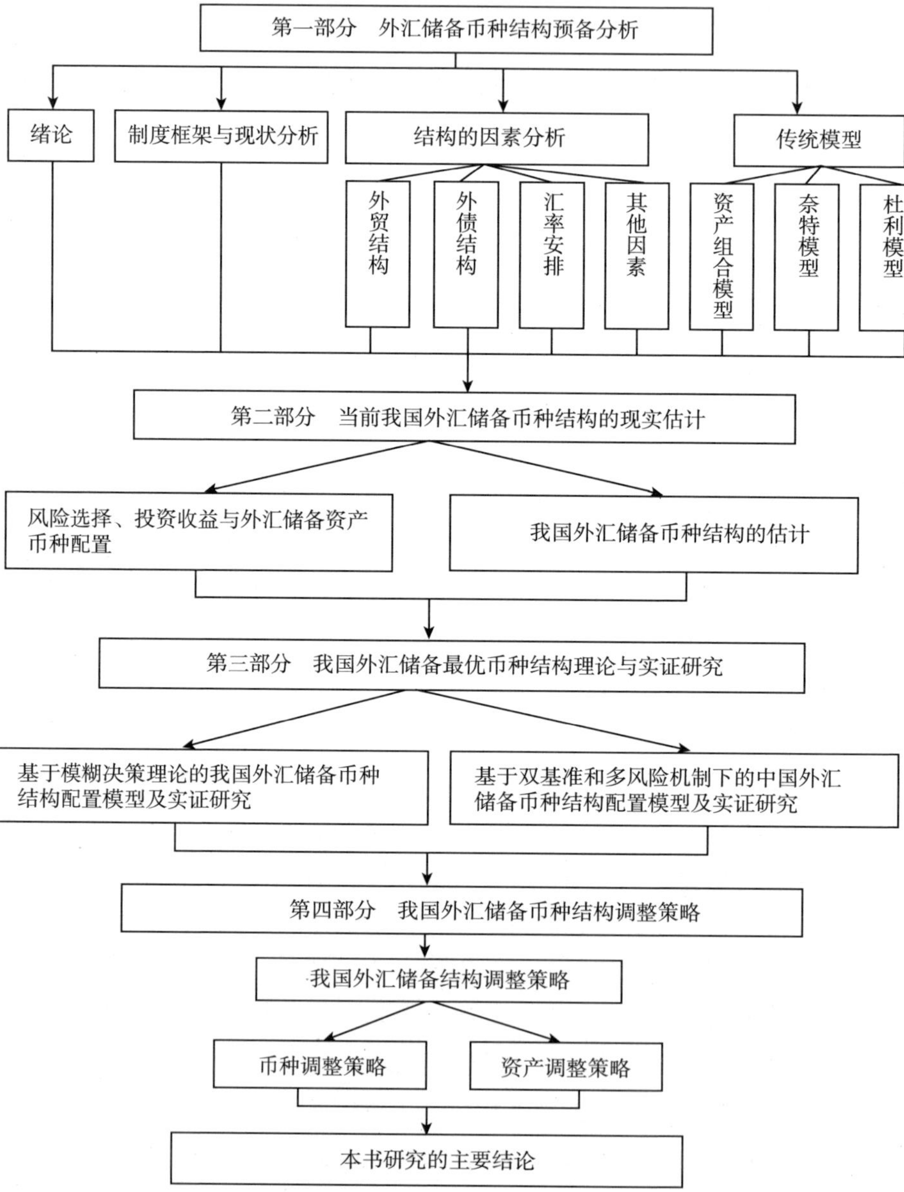

```
第一部分　外汇储备币种结构预备分析
├── 绪论
├── 制度框架与现状分析
├── 结构的因素分析
│   ├── 外贸结构
│   ├── 外债结构
│   ├── 汇率安排
│   └── 其他因素
└── 传统模型
    ├── 资产组合模型
    ├── 奈特模型
    └── 杜利模型

第二部分　当前我国外汇储备币种结构的现实估计
├── 风险选择、投资收益与外汇储备资产币种配置
└── 我国外汇储备币种结构的估计

第三部分　我国外汇储备最优币种结构理论与实证研究
├── 基于模糊决策理论的我国外汇储备币种结构配置模型及实证研究
└── 基于双基准和多风险机制下的中国外汇储备币种结构配置模型及实证研究

第四部分　我国外汇储备币种结构调整策略
└── 我国外汇储备结构调整策略
    ├── 币种调整策略
    └── 资产调整策略

本书研究的主要结论
```

图1-3　本书的技术路线图

第四节 研究的改进与创新

本书将现代计量工具和现代风险管理技术运用于我国外汇储备币种结构问题研究，以期为学术界深入研究外汇储备风险管理特别是币种结构优化提供新的思路和方法，同时也能为完善我国外汇储备管理提供系统性的理论指导。其创新之处主要体现为：

（1）在第五章中，分析外汇储备资产币种配置与风险选择、投资收益之间的关系。假设外汇储备规模的变化将影响国家外汇储备资产投资的风险选择，为此，用三次效用函数刻画外汇储备资产投资在安全性、流动性和收益性三原则之间的权衡关系，建立了基于效用最大化下外汇储备资产投资的币种结构理论模型，并利用真实数据，构建外汇储备币种结构与风险收益之间的一般线性计量模型和"多元时序和滞后协整混合模型"，采用了协整分析、格兰杰检验、脉冲响应和方差分解等多种方法进行综合分析。

（2）在第六章中，在借鉴盛柳刚、赵洪岩（2007）的模型与方法的基础之上，进行一定的拓展，并利用2000~2009年的季度数据，在外汇储备包含储备货币数量不同的四种假设下，分别估计了我国外汇储备币种结构及收益率。

（3）在第七章中，将模糊决策理论引入了我国外汇储备的货币结构管理中，通过对影响外汇储备货币结构的各种相关经济因素的分析，应用模糊规划方法将各种宏观经济因素和盈利、风险因素在模型的多个约束条件和目标中加以考虑，建立一个多约束多目标的最优化模型，这样既考虑了外汇储备作为一项资产的营利性及风险性，又兼顾了外汇储备执行功能的实现，克服了回归分析方法和纯粹的资产选择方法的弊端。

（4）在第八章中，从近几年来我国外汇储备经营管理的实践来看，我国的外汇储备管理已经与国际基金管理业接轨，按专业化和国际化的国际基金管理模式运作。在资产管理上采用国际通行的以投资基准为核心的经营管理模式。针对此问题，本书首次运用基于投资基准和多风险机制投资组合模型对我国外汇储备币种结构问题进行研究。

（5）在第九章中，从币种结构调整策略、债权类资产调整策略和股权类资产调整策略三个方面来探讨分析我国外汇储备币种结构调整问题。在币种结构方面，由于我国外汇储备规模巨大及国际金融市场动荡加剧，建议放弃纯粹的消极多元化调整策略，灵活运用积极多元化和稳定多元化策略对我国外汇储备币种结构进行调整；在债权类资产结构调整方面，由于短期债券的收益率处于历史最低位，是我们减持短期债券的最好时机。美国长期债券收益率处于高位，但如果在未来收益率出现下降，也就是我们减持长期债券的时候了；在股权类资产结构调整方面，我们运用进化金融理论思想对其进行分析，建议在投资股权类资产时按其相对收益率进行比例投资，而不能看到哪家公司收益好就把资金大量投入，这样会使财富遭受损失。

从总体上来看，本书运用了模糊决策理论、计量经济学、投资组合、进化金融理论等风险管理理论构建我国外汇储备最优币种结构模型，并进行数值模拟。从实证和规范研究两个方面考察了我国外汇储备币种结构问题，既回答了我国外汇储备币种结构现实中"是什么"的问题，又回答了"应该是什么"的问题，且在"是什么"和"应该是什么"之间提出了调整策略，对我国外汇储备币种结构估计、优化配置及调整策略的完整流程进行了系统研究，环环相扣，为我国外汇储备币种结构管理既提供了理论支持，又有操作层面上的借鉴。

第二章 中国外汇储备币种结构的制度框架与现状分析

第一节 外汇储备币种结构管理的演变与发展

外汇储备币种结构管理包括外汇储备货币币种的选择,以及各储备货币在整个外汇储备资产中所占的权重的确定,它随着世界各国商品经济和国际贸易的发展而产生,并随着各国商品经济的不断发展和国际货币体系的变化而变化。各国外汇储备币种结构管理制度的演变大体经历了四个阶段。

一、金本位制时期

所谓金本位制,就是以黄金作为本位币的货币制度。在这种制度下,各国政府以法律形式规定货币的含金量。这一制度的典型特点就是自由铸造、自由兑换及黄金自由输出和输入,公民可以将持有的纸币按照货币含金量兑换为金币,各国之间不同的金铸币按各自含金量形成固定比较,建立比较稳定的国际货币联系,并允许黄金在国际间自由流动。

自1816年起英国率先实行金本位制,1914年第一次世界大战以前,主要资本主义国家陆续采纳了金本位制。在金本位时期,各国中央银行的国际储备以黄金为主要形式,其中英格兰银行持有的国际储备资产几乎全是黄金,其余国家中央银行资产除了主要资产黄金以外,还少部分包括以英镑、法国法郎和本国货币计价的政府债券。在当时英国强大的经济实力、完善的金融制度和法制化的金融监管等优势情况下，英镑实际上同黄金一起作为国际储备货币，所以有学者称这一时期为"英镑本位"时期。

二、金汇兑本位时期

第一次世界大战以后，由于战争和政治对抗，人们开始对国家纸币失去信心，而转向相信黄金。因此，"一战"后各国几乎都遭遇了黄金储备不足的困境，并急于寻找新的解决办法。1922年召开了热那亚会议，其主要内容是讨论如何解决黄金短缺问题，决定把主要国家的货币作为基准货币，并用作国际储备。热那亚会议从某种程度来说是使用国家货币充当国际储备资产的一个正式开端，也是金汇兑本位制度时期的开始。

在金汇兑本位制度下，国家规定货币的含金量，但流通中的货币不能与黄金兑换。黄金不能发挥自发调节货币流通的作用，使货币流通失去了调节机制和稳定的基础，削弱了货币制度的稳定性。因为当货币供给量超过了对货币的需要量，就会发生货币贬值；反之，货币升值。假如国家为弥补财政赤字而大量发行货币，就会引起通货膨胀，导致物价上涨，影响经济的发展。实行金汇兑本位制度的国家，其货币与某大国货币保持固定比价，其对外贸易和金融政策又必然受到与之相联系国家的货币政策的影响与控制。在无限制地买卖外汇来维持本国货币币值稳定的同时，有意或无意地增减相应外汇在储备中的比例。在此时期，国际经济环境在战前发生了根本性改变，英国经济实力及政治地位遭受了战争的严重创伤，而美国由于远离战场，国家经济不但未遭受破坏反而大大增强。为巩固美元的国际地位，美元与黄金保持稳定的兑换关系，这得到许多国家的青睐。20世纪30年代，一批国家开始疏远英镑，聚集在美元周围，形成美元区。

三、布雷顿森林体系时期

第二次世界大战后，英国经济在战争中进一步遭到严重破坏，国际收支日益恶化，英镑的国际地位随之加剧下降。美国则一跃成为世界上最大的债权国和黄金储备国，美元的国际地位因其巨大的国际黄金储备实力而空前稳固。这就使建立一个以美元为支柱的有利于美国对外经济扩张的国际货币体系成为可能。在该种情况下，1944年7月，44个国家或政府的经济特使聚集在美国新罕布什尔州的布雷顿森林，商讨战后的世界贸易格局。1945年12月27日，参加布雷顿森林会议的其中22国代表签订了《布雷顿森林协定》，标志着布雷顿森林体系时期正式开始。

布雷顿森林体系以黄金为基础，以美元作为最主要的国际储备货币。美元直接与黄金挂钩，各国货币则与美元挂钩，并按35美元一盎司的官价向美国兑换黄金。在布雷顿森林体系下，美元可以兑换黄金和各国实行可调节的钉住汇率制成为这一货币体系的两大支柱。国际货币基金组织则是维持这一体系正常运转的中心机构，它有监督国际汇率、提供国际信贷、协调国际货币关系三大职能。布雷顿森林体系的建立最终使美元成为新的国际货币体系的中心货币和最主要的国际储备货币，几乎占据了当时世界外汇储备的全部份额，从而形成了美元—黄金储备体系。

四、多种货币外汇储备体系时期

布雷顿森林货币体系的运转与美元的信誉和地位紧密联系在一起。20世纪60年代末期以后，由于美国深陷越南战争的泥潭，财政赤字巨大，国际收入情况恶化，美元危机频频发生，导致了美国的经济实力不断下降，国际收支不断恶化，黄金储备和国内资金大量外流，极大地损害了美元的国际信誉，从而使美元在国际储备体系中的地位迅速下降。1973年布雷顿森林货币体系的崩溃和浮动汇率制度的实施，进一步加剧了美元汇率的波动和持有美元的风险。随着联邦德国、日本等国经济的迅速发展，其货币在国际上的信誉和地位不断提高。由于国际金融市场动荡加剧和各国外汇储备规模的不断扩大，中央银行面临着巨大的汇率、利率、购买力等风险，开始积极地调整外汇储备结构，增持德国马克、日元、瑞士法郎等而减少美元的持有量，从而助推了这些货币进入国际储备货币之列，开启了多种货币外汇储备体系时期。

1999年欧元的诞生对国际货币体系产生了重大影响，对多种货币外汇储备体系发挥了促进和加深的作用。欧元经过最近几年的发展，其国际地位逐渐提升，对美元独霸国际货币体系产生了威胁；亚洲地区作为全球经济增长最有活力的地方，目前正在酝酿建立区域货币合作体系，人民币、日元、韩元将来都有可能成为亚洲国家外汇储备中的配置货币，更长远的目标是建立亚洲货币。国际货币体系多元化正从多个方面进一步深入。

第二节 中国外汇储备形成机制及功能

外汇储备是一国对外经济交往中货币支付结算的结果，主要来自经常项目顺差（即商品和服务贸易进出口盈余）、资本和金融项目顺差（即资本流入流出盈余）。当国际收支发生顺差时，外汇储备增加；当国际收支发生逆差时，外汇储备减少。来自经常项目的外汇储备形成过程是：当企业出口商品或劳务时，从国外赚得外汇，然后通过结售汇制度把赚来的外汇向银行兑换人民币，银行继而向中央银行出售外汇，得到人民币，央行买入外汇，形成外汇储备，同时释放人民币，增加基础货币供给（如图2-1的实线箭头所示）；当企业进口商品或劳务时，需要使用外汇，必须向银行购买外汇，银行继而向中央银行购买外汇，央行出售外汇，外汇储备减少，同时回笼人民币，减少基础货币供给（如图2-1的虚线箭头所示）。来自资本与金融项目顺差的外汇储备形成过程和经常项目下不同的是外国居民和政府拥有的外汇通过结售汇市场和银行间市场形成我国外汇储备，属于负债性外汇储备。

外汇储备最初的主要功能是调节国际收支，维持汇率稳定。随着经济金融全球化的加深，全球外汇储备规模增长，外汇储备的功能不断拓展和丰富：

（1）调节国际收支，保证国际支付。外汇储备可随时用于满足进口和偿付外债、弥补国际收支逆差、保证正常的对外经济活动和国际资信不受影响。当国际收支出现逆差时，动用外汇储备可以调节总供给与总需求的关系，促进国际收支的平衡，起到缓冲的作用。

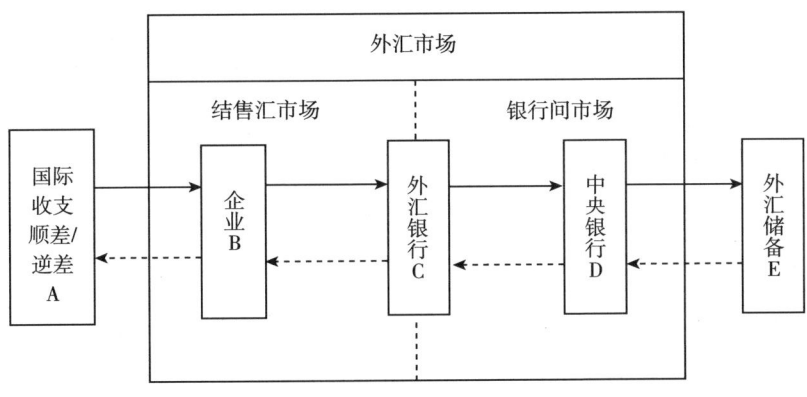

图 2-1 外汇储备的形成机制

(2) 干预外汇市场，维护汇率稳定。外汇储备反映的是货币当局干预外汇市场的能力，通过买卖其他国家的货币，可有效防止本币汇率过度波动，外汇干预通常是短期措施，并且在充分考虑市场预期、投机等多种因素的基础上实行。

(3) 应对突发事件，防范金融风险。作为一国重要的战略资源，外汇储备能够满足突发事件发生时的对外支付需要，保障本国经济安全。在国际金融危机动荡加剧的年代，别国出现的经济、金融危机很容易传导到本国，也需要外汇储备来缓冲对本国的不利影响。

(4) 配合货币政策实施，实现经济增长。外汇储备对应了相应数量的货币发行，是货币政策的一项重要内容，某种程度上可促进经济增长。

(5) 提升本币国际地位，促进国际金融合作。外汇储备作为一种金融资产，其规模的大小象征着一个国家经济实力的大小，是提高该国货币在国际货币体系中地位的重要条件，也是外国投资者投资该国的一个重要参考指标。在全球经济金融日益一体化的大背景下，国际金融危机的破坏力和波及范围空前加大，各国金融当局之间加强合作、监管资本流动、救助危机国家的必要性上升，外汇储备成为其强大的资金后盾。

要实现上述功能，前提条件是一国必须持有一定规模的外汇储备。这个规模应该是在综合考虑本国经济发展规模和速度、经济开放程度、对外贸易发展状况、利用外资和国际融资能力以及国家宏观调控能力等多方面因素的基础上确定的。发达国家综合实力较强，本币可自由兑换，融资能力强，汇率大都自由浮动,一般持有较少的外汇储备。发展中国家经济相对落后,本币尚未被国际社会广泛接受,汇率大都实行不同程度的管理,金融体系存在脆弱性,在国际金融市场融资能力较差,所以持有外汇储备的规模较大。我国作为发展中的大国,正处于经济高速增长和市场经济体制建立完善时期,经济结构调整和金融体制改革正进入攻坚阶段,对外贸易和外商投资易受危机影响,外债尤其是短期外债规模较大,人民币还没有实现完全可兑换,金融体系仍然存在一定的脆弱性。在这种情况下,外汇储备为我国经济增长保驾护航尤为重要,充分发挥其功能以提高国际清偿能力、维护国家经济金融安全、增强国家综合实力也迫在眉睫[57]。

第三节 我国外汇储备的增长历程

纵观改革开放 30 年来的历程,从规模大小上(见表 2-1)看,我国外汇储备的增长大致分为四个阶段:

表 2-1 中国历年外汇储备总表(1950~2009 年)

单位:十亿美元

年末	外汇储备	年末	外汇储备	年末	外汇储备
1980	-1.296	1990	11.093	2000	165.574
1981	2.708	1991	21.712	2001	212.165
1982	6.986	1992	19.443	2002	286.407
1983	8.901	1993	21.199	2003	403.251
1984	8.220	1994	51.620	2004	609.932
1985	2.644	1995	73.597	2005	818.872
1986	2.072	1996	105.049	2006	1066.344
1987	2.923	1997	139.890	2007	1528.249
1988	3.372	1998	144.959	2008	1946.030
1989	5.550	1999	154.675	2009.09	2272.595

第二章 中国外汇储备币种结构的制度框架与现状分析

(1) 第一阶段:"零储备"时期(20世纪80年代)。整个20世纪80年代,作为中国"改革"与"开放"的头十年,仍处在社会主义计划经济体制框架的约束之内。当然,在这一阶段,中国也正处在对外开放的"试验"阶段。当时,中国人还不太了解世界,世界也不太了解中国。因此,薄弱的"底子"再加上谨慎的"试验",我们仍然固守着计划经济下"收支平衡,略有节余"的法则,尚无力跨越"雷池"。1980~1989年的10年间,进出口贸易总额只有几百亿美元,且仅两年出现少量贸易顺差,我国各年实际利用外资总额均只有几十亿美元,累计总额仅为580亿美元,尚不及1997年(644亿美元)一年的额度。正是由于对外贸易和资本流动总体规模较小的原因,我国外汇储备规模基本上维持在20亿~90亿美元,没有突破100亿美元,甚至个别年份还出现负储备(如1980年的-12.96亿美元)。我们称这一时期为"零储备"时期,也是我国改革开放最艰难的时期。

(2) 第二阶段:百亿储备时期(1990~1995年)。经过了20世纪80年代的谨慎探索与经验总结后,90年代的中国开始走出"计划经济"的阴影,并逐步走向"市场经济"新时代。应该说,1990~1995年是中国经济改革开放的转轨时期或过渡时期,也是一个转折点。在这一阶段,世界进一步了解中国,中国也进一步认识了世界。1990~1995年,中国对外贸易总额(即进出口总额)从1000亿美元增长到接近3000亿美元。从商品进出口差额来看,一改过去十余年的贸易赤字状况,六年中共有五年出现了贸易顺差(仅1993年是赤字),除1995年顺差167亿美元外,尽管其余各年顺差规模不足百亿美元,但它却是一个由量变到质变的重大信号。由于对外出口贸易的迅速发展、国家吸引外资的优惠政策以及汇率制度进一步完善,大量国外资金开始进入我国。在这一期间,我国实际利用外资年度总额从100亿美元增至接近500亿美元,而且其中90%以上的引入外资都是"直接投资"性质的,这在一定程度上保障了引入外资的可靠性与安全性。由于外贸进出口和利用外资形势的明显好转,这一时期我国外汇储备余额从100亿美元快速上升到700多亿美元。外汇储备快速而稳定的增长,标志着我国外汇储备正在走出"短缺"的时代。

(3) 第三阶段:千亿储备时期(1996~2005年)。1996年底,中国经济运行成功实现"软着陆",并顺利进入"低物价、高增长"的通道。虽然经历了1997年亚洲金融危机和1998年的特大洪水自然灾害,但在政府鼓励和优惠政策下,我国外贸进出口总额首次突破3000亿美元。贸易顺差则呈跳跃式增长,并首次突破400亿美元。这再次表明了中国经济已然步入良性循环新时期,并具有了较强的抵御外来风险和抗干扰能力。1998年在贸易总规模不变的条件下,我国继续保有了第二个400多亿美元的贸易顺差。在随后的6年中,虽然我国贸易顺差每年一直保持在200亿~300亿美元,但其间我国贸易总规模在不断放大。2005年贸易总额接近14000亿美元,而且贸易顺差第一次奇迹般地跨越了1000亿美元的"绝对"大关。与此同时,我国在实际利用外资总额方面,1997年创下了历史最高纪录,达644亿美元。在之后的8年中,我国每年实际利用外资总额一直保持在500亿~600亿美元。500亿~600亿美元的稳定规模,一方面表明中国政局稳定和投资环境优良;另一方面则表明中国引入外资不再是"饥不择食",当然也不再是"多多益善"。1996年底,我国正式接受国际货币基金组织第八条款,实现人民币经常项目可兑换。这一年,我国外汇储备余额首次突破1000亿美元,1997年则进一步升至1400亿美元附近。2001年突破2000亿美元;2003年跃升至4000亿美元(这其中尚不包含当年年底"注资"给中国银行和中国建设银行的450亿美元);2004年跨越6000亿美元;接着,2005年又大步跨越了8000亿美元(这其中也不包含当年"注资"给中国工商银行的150亿美元),并于2006年2月超过了日本的外汇储备额,跃居世界第一[58]。

(4)第四阶段:万亿储备时期(2006年至今)。进入2006年,我国经济增长继续向好,再加上一个更引人注目的人民币升值预期更加明显,我国外汇储备增长速度进一步升级。2006年全年增加外汇储备2474亿美元,增长幅度为30%,于2006年10月中国外汇储备达到10099亿美元,正式进入万亿储备时期。2007年美国次贷危机对外汇储备的增长产生负面作用,甚至个别季度出现了负增长,但大部分月份均是正增长,且月份之间的外汇储备额度波动性明显放大。在我国实施积极正确的财政政策和货币政策下,经济增长仍保持8%以上的增长速度,成功地走出了金融危机。在2007年和2008年外汇储备增长额度分别为4619亿美元和4178亿美元,于2009年4月达到了2万亿美元。截至 2009 年 9 月，我国外汇储备额为 22725.95 亿美元，远远地超过了第二大储备国——日本。

第四节 中国外汇储备币种结构现状分析

2001 年以来，我国官方外汇储备开始持续迅猛增加，出现了自 1994 年外汇体制改革以来的第二个高速增长期。2006 年 2 月起，中国就已超过日本成为世界第一大外汇储备国。中国人民银行最新发布的统计数据显示，截至 2009 年 6 月底，我国官方外汇储备已达 21316.06 亿美元，继续稳居世界第一。但是，国家外汇管理局和中国人民银行未披露外汇储备具体构成数据。因此，我们只能通过综合分析国内外公开发布的数据，来近似估计我国外汇储备的币种结构。

首先，我们从国际货币基金公布的 COFER 数据来看，虽然不能精确反映我国外汇储备的币种结构，但对其进行估计有其合理性。从表 2-2 中可以看出，美元仍然在全球外汇储备币种结构中占据着举足轻重的地位。截至 2008 年底，美元资产在全球外汇储备资产的比重为 64.05%，欧元资产为 26.5%，日元资产和英镑资产分别为 3.23% 和 4.06%。从变化趋势来看，1999~2008 年，美元资产在全球外汇储备资产中的比重总体上是逐步下降的，在 2001 年达到最高值 71.52%；欧元呈上升趋势，从 1999 年的最低值 17.9% 上升到 2008 年的 26.5%；日元的下降趋势也很明显；英镑稳中有升。在发达国家的外汇储备币种构成当中，美元和欧元资产的比例分别为 70% 和 20% 左右，且较稳定。在发展中国家的外汇储备币种构成当中，美元资产的比重从 72.69% 下降到 60.26%，欧元资产从 19% 上升到 30.55%。这说明，发展中国家从 1999 年以来一直在进行外汇储备币种结构调整，降低美元比例，增大欧元比例，当然这种调整过程只能是渐进的，以免对国际金融市场造成巨大的冲击。这样的币种构成、调整要求及调整速度等都符合我国外汇储备的现实要求。

表 2-2 外汇储备分类别数据构成

年份		1999	2000	2001	2002	2003	2004	2005	2006	2007	2008
所有国家	美元	0.7101	0.7113	0.7152	0.6708	0.6593	0.6595	0.6691	0.6548	0.6413	0.6405
	欧元	0.1790	0.1829	0.1918	0.2379	0.2516	0.2480	0.2405	0.2509	0.2627	0.2650
	日元	0.0637	0.0606	0.0505	0.0435	0.0394	0.0383	0.0358	0.0308	0.0292	0.0323
	英镑	0.0289	0.0275	0.0270	0.0281	0.0277	0.0337	0.0360	0.0438	0.0468	0.0406
发达国家	美元	0.7037	0.7028	0.7111	0.6728	0.6778	0.6782	0.6974	0.6860	0.6647	0.6765
	欧元	0.1747	0.1773	0.1832	0.2244	0.2247	0.2231	0.2071	0.2157	0.2355	0.2265
	日元	0.0730	0.0737	0.0617	0.0528	0.0501	0.0486	0.0468	0.0432	0.0402	0.0452
	英镑	0.0305	0.0283	0.0271	0.0288	0.0238	0.0270	0.0278	0.0332	0.0359	0.0284
发展中国家	美元	0.7269	0.7332	0.7249	0.6661	0.6186	0.6203	0.6210	0.6104	0.6165	0.6026
	欧元	0.1900	0.1973	0.2125	0.2694	0.3108	0.3002	0.2972	0.3011	0.2916	0.3055
	日元	0.0396	0.0270	0.0235	0.0219	0.0158	0.0168	0.0170	0.0131	0.0176	0.0188
	英镑	0.0247	0.0254	0.0268	0.0267	0.0365	0.0478	0.0498	0.0589	0.0583	0.0535

资料来源：国际货币基金 COFER 中已分配数据（Allocated Reserves）。

其次，美国财政部国际资本系统的资料显示，截至 2008 年 6 月底，中国投资于美国证券的资金为 12051 亿美元（仅次于日本的 12504 亿美元），占当时外汇储备的 66%，其中投资于美国长期债券的金额为 10752 亿美元，占当时中国外汇储备的 59%。在美国长期债券中投资于美国财政部国债的比率为 48%、投资于美国政府机构债券的比率为 49%、投资于美国企业债券的比率仅为 3%。由于外汇储备的特殊性，其经营管理必然重视安全性与流动性，这就决定了外汇储备主要投资于国际市场上信用等级较高的债券。盛柳刚、赵洪岩（2007）指出，美国财政部 TCI 的数据可能低估了中国持有的美国国债和债券，这是因为这一数据库并没有包括货币机构从国际卖家中购买的美元国债，也没有包括除美国以外其他国家发行的美元债券，如在英国伦敦发行的其他国家的美元债券。因此，TCI 可能低估了外汇储备中的美元债券。但是如果这种低估的时间趋势是一致的，那么这种估计仍旧是可靠的。由于中国持有的美国国债占外汇储备比例的增长率等于中国持有的美国国债和外汇储备两者增长率之差,我们可以看出外汇储备的增长率要高于中国持有美国国债的增长率。这意味着即使中国在减持美元资产也不是直接减少美元资产存量,而是减少了其增加量[36]。

最后,我们还可以借鉴国内外学者对我国外汇储备的估算结果。例如,李振勤等根据美国财政部的数据推测,2003年6月我国外汇储备的近似组合大体为:美元70%、欧元15%、日元10%、英镑5%。到2004年9月底,美元比例降低至60%,依据上边的权重,欧元、日元、英镑的比例分别上升为20%、13%和7%[4]。

综合以上分析,可以知道,美元仍然是我国外汇储备主要的储备货币,欧元次之,日元和英镑等通货也占有少量份额。从投资资产角度来看,主要是投资国际市场上信用等级较高的债券,如国债、政府债券等,而对机构债券、企业债券、股权投资等相对偏少。

第五节 中国外汇储备货币结构存在的问题

不同时期外汇储备币种结构的合理性标准是不一样的,如在第一次世界大战前的金本位制时期,公民可以将持有的纸币按照货币含金量兑换为金币,各国之间不同的金铸币按各自含金量形成固定比较,允许黄金在国际间自由流动,英国以超强的经济实力支撑着英镑成为主导货币,英镑同黄金共同成为国际货币。在这种情况下,国际储备以黄金为主,外汇储备以英镑为主的构成是合理的。在第一次世界大战后的金汇兑本位时期,英国遭受了战争的严重创伤,英镑在国际贸易、国际资本市场的主导地位不保。美国经济不损反大大增强,且与黄金保持稳定的兑换关系,得到许多国家的青睐。那么,在这个时期增持美元,保持一定比例的英镑才是我们的合理之选。到了第二次世界大战后的布雷顿森林体系时期,由于英国经济在战争中进一步遭到严重破坏,其国际收支日益恶化,英镑的国际地位也随之加剧下降。美国则一跃成为世界上最大的债权国和黄金储备国，美元的国际地位因其国际黄金储备的巨大实力而空前稳固。对应地，外汇储备的调整策略应该是进一步增持美元资产，减持英镑资产。在布雷顿森林体系时期结束之后，迎来了多元储备货币体系，也就是我们现在所处的货币体系。在美国次贷危机、美国巨额的财政赤字和贸易逆差、美元贬值、浮动汇率制的采用、多种储备货币的出现等日益复杂的国际经济环境下，我国外汇储备币种结构是否合理？存在哪些问题？我们从以下几个方面进行分析：

一、美元比例过大面临的汇率风险

在我国 2.4 万亿美元的外汇储备中，美元资产所占比重占据绝对地位已经是不争的事实。在这样一种"美元独大"的币种结构下，美元汇率的变动成为我国外汇储备面临的最主要汇率风险。目前，美国次贷危机进一步加剧了美国财政与贸易双赤字的恶化，短期内无法改善，很多国际专家认为美元贬值的局面目前仍难以扭转。近年来美元对其他主要货币的大幅贬值，造成中国外汇储备的国际购买力遭受严重损失。例如，目前中国外汇储备规模突破了 2.4 万亿美元，假定其中美元资产占 65%，那么一旦美元对人民币贬值 10%，以人民币计算的中国外汇储备价值将缩水 1365 亿美元，相当于抹杀了 4 个百分点的 GDP 增长，如此之高的损失对于我国是很难承受的。此外，由于美元疲软，中国为了维护人民币兑美元汇率的稳定，央行不得不对外汇市场进行干预，买进美元，增加了人民币的投放量，从而又引起外汇占款的增加，同时也增加了基础货币的投放量，进而也增加了广义货币的供应量，促使通货膨胀风险。英国《央行杂志》日前发布的一项调查显示，在接受调查的 47 家中央银行中，有 19 家在 2006 年 8 月以前的 12 个月里削减了美元储备，有 10 家增加了美元储备。在这一时期，有 21 家央行表示它们增加了欧元储备资产，只有 7 家声称它们减少了所持有的欧元储备。

我国诸如欧元、英镑和日元等形式的外汇储备总体数量也是巨大的，这些货币的汇率变化所带来的外汇储备的风险也不容忽视。总之，面对不确定性的国际环境，如何有效地防范与管理我国外汇储备的汇率风险已经成为我国外汇

第二章 中国外汇储备币种结构的制度框架与现状分析

储备结构管理的一个非常重要的课题。

二、美元比例过大带来的流动性风险

截至 2008 年 6 月底,中国投资于美国证券的资金为 12051 亿美元(仅次于日本的 12504 亿美元),占当时国外投资美国证券总额的 12%。如此大的份额和如此大的比例,令世界瞩目。当然,中国政府肯定知道美元资产已经很多了,那么能否轻易调整呢?现实给我们的答案是"不能",因为存在巨大的流动性风险。假如,中国出售美元资产进而购买欧元、日元等非美元资产,市场本身流动性的限制,将会导致美元贬值,美国资产(如国债)价格下降,美元长期利率上升,进而我国外汇储备存量大幅缩水。另外,也不排除中国的一举一动都会对世界各国央行及国际游资产生示范效应,由此产生的连锁反应对于全球金融市场将会产生不利的影响,并进一步扩大我国外汇储备的损失。所以,从外汇储备的币种调整来看,大规模减持美元资产造成的美元大幅贬值给自身带来严重后果,从而在美元面临贬值压力时往往倾向于增持而非减持美元资产,就算是减持也是渐近的、小额多次的过程。

三、期限结构错配风险

外汇储备的期限结构,是对不同的投资对象限制不同的投资时间。合理搭配投资期限,就是要使持有资产的时期既能满足较小的代价和随时支付的要求,又能防止因利率变化而使重要经济参数发生变化对资产价值的影响。如图 2-2 所示的是 2001 年 1 月至 2008 年 1 月的英国伦敦银行同业拆借利率数据,虽然不是国债利率,但总体上能够反映国债利率的变化趋势。从图 2-2 中可以看出,2001~2003 年,上述四种货币的利率均呈下滑趋势。例如,美国联邦储备委员会为刺激美国消费和投资以推动经济增长,连续进行了十几次降息,美元年利率从 2001 年 1~10 月短短 10 个月内从 5.288% 急剧下降到 2.313%,然后继续下降且于 2003 年 7 月达到最低水平 1.19%,这也使中国持有的大量美元外汇储备资产投资收益随之不断降低,使得辛苦积累的外汇资产收益率甚

微。2004年至2006年上半年，各种储备货币利率出现反弹，且上升幅度较大。然而，从2006年下半年开始，美国次贷危机、通货膨胀高企等因素造成世界经济趋缓，受此影响较大的美国下调美元利率最明显，即从2007年底的4.224%下降到2008年1月的2.98%。

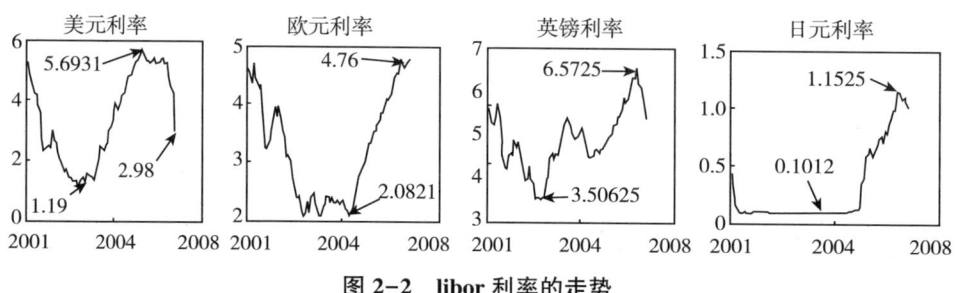

图2-2 libor利率的走势

综上所述，我国投资于美元的长期债券所占比重为89%，相比较而言，短期投资所占比重只有11%，这说明我国外汇储备期限结构以中长期为主。如果单纯以满足进口需求的指标与短期偿债能力的指标来衡量，中国的外汇储备已经充分满足了流动性的需求。但是考虑到较大的资本顺差，我国的外汇储备结构仍然存在着期限错配问题。近些年来，人民币升值预期引发大量的国际资本流入国内，这些资本主要投资于国内的债券、股票等流动性较强的金融工具上。也就是说，我国把长期投资投到国外，却引入了大量的短期投资。我国投资于美国短期债券总额只占外国对我国间接投资的8%，在这种错配的期限结构下，一旦出现资本外逃，很可能会演变为金融危机。

四、政治风险

在我国外汇储备资产中，美元资产占绝对主导地位。从美元资产投资品种和投资期限来看，我国外汇储备有相当一部分存入了美国商业银行，大部分是购买了美国各类债券，包括美国国库券、美国财政部中长期债券、联邦政府机构债券以及美国公司债券等，此外，应该还包括少量境外美元资产。

美国一向将中国视为其最大的潜在竞争对手，时不时为难中国。在这一点上，我们尤其要提高警惕，尽可能规避外汇储备存放地的政治风险[2]。

第六节　本章小结

本节分析了外汇储备币种结构的发展及演变过程，以及我国的外汇储备币种结构现状及存在的问题。针对目前巨额的外汇储备，我国目前外汇储备管理的关键是应该考虑如何在现有规模的基础上，加强对外汇储备结构的管理。在当前我国外汇储备币种单一、效益低下的情况下，结合外汇储备结构管理的基本原则，加强和完善外汇储备的币种结构，才是首要任务。

第三章 影响我国外汇储备币种结构的因素分析

影响一国外汇储备币种选择的因素主要有一国的贸易结构、外债结构、储备货币风险收益、汇率制度等，下面对这些因素分别进行分析。

第一节 我国贸易结构对外汇储备币种结构的影响

近年来，我国外汇储备大幅增长得益于经常项目和资本与金融项目双顺差。在中国的外汇管理体制下，实行统一银行结售汇制度，当企业出口贸易额大于进口贸易额时，企业将多余的外汇卖给中国银行，中国银行再向中央银行结汇，形成中央银行的"净买入"，从而形成我国的外汇储备；相反，如果企业出口贸易额大于进口贸易额时，国家将外汇储备出售给企业，外汇储备就会减少。对外贸易是外汇储备的重要来源之一，一国与某一国家的对外贸易额较大时，按理说该国也应该持有较多的该种货币。H. R. Heller 和 M. Knight（1978）研究发现，一国对美国的贸易每增加 1%，其外汇储备中美元的比重就会增加约 0.6%[3]。因此，我国外汇储备币种结构应尽量与对外贸易结构一致或相近。

虽然贸易对象不一定使用本地区的货币，但对外贸易结构在大体上能够反映对外贸易中所使用的币种及其比例。因此，通过考察，我国贸易进出口的来源、数量、去向及贸易双方支付方式等可以获得贸易结构对币种结构影响的初步结论。

表3-1是2006~2008年我国前十位贸易伙伴的贸易金额及占比,前十位贸易伙伴的贸易金额和占我国总贸易额的80%左右,所以基本能够反映我国贸易结构分布。从表3-1中的数据可以看出,中国的主要进口贸易地区是亚洲、欧洲和北美,同这三个地区的进出口贸易总额占全部贸易额的90%以上。在亚洲,中国大陆的贸易伙伴主要是日本、韩国、中国香港、中国台湾、印度、东盟与俄罗斯。其中,日本是我国最主要的进出口国,其平均进出口份额为10.98%,而中国台湾、东盟和韩国的贸易额也占有很高比例,分别为5.7%、9.18%和7.47%;在北美地区,主要贸易伙伴是美国。表3-1表明近几年我国从美国进出口商品的金额比例逐年下降,但美国仍然是我国主要的进出口国之一;欧盟地区逐渐成为我国进出口商品的最重要地区,其中,德国、英国、法国等国家与中国的贸易往来金额相对较大。

表3-1 2006~2008年我国前十位贸易伙伴贸易金额及占比

单位:亿美元,%

国别或地区	2006年		2007年		2008年(1~10月)		平均值
	金额	占比	金额	占比	金额	占比	
总值	17607	100	21738	100	21887	100	
欧盟	2723	15.47	3562	16.39	3594	16.42	16.09
美国	2627	14.92	3021	13.90	2813	12.85	13.89
日本	2073	11.77	2360	10.86	2259	10.32	10.98
中国香港	1662	9.44	1793	8.25	1724	7.88	8.52
东盟	1608	9.137	2026	9.32	1991	9.10	9.18
韩国	1343	7.63	1599	7.36	1623	7.42	7.47
中国台湾	1078	6.12	1245	5.73	1148	5.25	5.70
俄罗斯	334	1.90	482	2.22	480	2.19	2.10
澳大利亚	330	1.87	439	2.02	510	2.33	2.07
印度	249	1.41	387	1.78	455	2.08	1.76

资料来源:中国商务部网站(经计算整理而得)。

从贸易支出惯例来看，美元仍然占主导地位。以 2008 年为例，虽然我国与亚洲地区的进口贸易份额是最高的，但是台币、韩元、卢布等都不是自由兑换货币，它们是钉住美元的，所以其比例计入美元。港币虽然是自由货币，但港币也是钉住美元，所以港币的比例同样应计入美元。我国与亚、非、拉国家贸易的结算和计价货币基本上是美元。因此，只考虑贸易结构对外汇储备币种结构的影响，以 2008 年的贸易额数据为例，则可以估算日元在 2008 年中的进口比例为 10.32%，美元在我国外汇储备币种中的比重可达 73.26%。在欧元成立后，欧洲地区贸易主要结算货币为欧元和英镑，另外欧盟其他国家正在积极准备加入欧元区，其经济贸易发展与欧元区的发展紧密相关，因此，欧盟贸易比例除去英镑所占比例，其余全部计入欧元，经计算，欧元比例为 14.68%，英镑比例为 1.74%。所以，仅从我国贸易结构角度出发，目前我国外汇储备货币应选择美元、欧元、日元和英镑等货币，其比重分别约为 73.26%、14.68%、10.32%、1.74%。

第二节 外债对我国外汇储备币种结构的影响

外债指中国境内的机关、团体、企业、事业单位、金融机构或其他机构对中国境外的国际金融组织、外国政府、金融机构、企业或其他机构用外国货币承担的具有契约性偿还义务的全部债务，包括国际金融组织贷款、外国政府贷款、外国银行和金融机构贷款、买方信贷、外国企业贷款、发行外币债券、国际金融租赁、延期付款、补偿贸易中直接以现汇偿还的债务、其他形式的对外债务。外汇储备指一国政府所持有的国际储备资产中的外汇部分，即一国政府保有的以外币表示的债权。从表面经济利益看，外债和外汇储备是债务和债权的矛盾组合体：一方面是以较高的成本借入外债，另一方面又以收益较低的外汇储备形式持有庞大的外汇资源。但实际上两者的特点和用途不同，可以共存，这也是世界各国相互参与经济建设的一个前提条件。

近几年来，我国外汇储备快速增长的同时也积累了大量的外债。从表 3-2

中国外汇储备币种结构估计、优化及调整

中可知,在2001~2007年,我国外汇储备从2122亿美元增长到15282亿美元,增长幅度为6倍有余。外债从1848亿美元增大至3736亿美元,增长幅度为1倍多,而且外债与外汇储备之比最高达到87%。外汇储备的一个主要功能是偿还外债,巨额的外债余额给我国的还本付息带来了一定的压力,因此,为了确保外债的及时还本付息及尽量降低因币种转换带来的兑换成本,外汇储备的币种结构应尽量与短期外债的币种结构保持一致。例如,假设外债和外汇储备的币种结构差异较大,恰恰外债计价货币升值而储备货币贬值,那么国家就要面临着外汇储备缩水和外债大幅上升的双重风险;另外,假如此时偿还巨额外债时,不仅要花费很大的兑换成本,还可能存在流动性风险。

表3-2 2001~2007年外汇储备和外债余额(年末数据)

单位:亿美元

年份	2001	2002	2003	2004	2005	2006	2007
汇储备	2122	2864	4033	6099	8188	10663	15282
外债	1848	1863	2088	2475	2811	3230	3736
外债/外汇储备(%)	87	65	52	41	34	30	24

资料来源:国家外汇管理局网站。

根据国家外汇管理局发布的国际收支报告来看[59],我国外债币种结构以美元债务为主。在2006年末的登记外债中,美元债务占69.71%,比上年末上升1.31个百分点;其次是日元债务,占10.86%,比上年末下降0.87个百分点;欧元债务占7.30%,比上年末上升0.01个百分点。其他债务包括特别提款权、港币等,合计占比12.13%,比上年末下降0.45个百分点。在2007年和2008年的外债币种结构中,美元债务均为68%,日元债务分别占11%和12%,欧元分别为7%和6%。因此,假如按照外债币种来确定外汇储备币种结构,我国外汇储备中美元同样占据了主导地位,大约为68%,日元和欧元大约为10%。

第三节 外商直接投资对外汇储备币种结构的影响

影响我国外汇储备供给因素主要是经常项目下的贸易顺差和资本项目下的外商直接投资额。外商直接投资指外国企业和经济组织或个人按照我国有关政策、法规,用现汇、实物、技术等在我国境内开办外商独资企业、中外合资经营企业、合作经营企业或合作开发资源的投资(包括外商投资收益的再投资),以及经政府有关部门批准的项目投资总额中企业从境外借入的资金。

由于中国加入WTO,市场的开放度进一步扩大,对外商的吸引力大为增强。2001年以来,中国FDI增长迅速,且保持了强劲的增长势头。研究表明,我国已成为世界利用外商直接投资的第一大国。随着外商直接投资的存量不断增加,其利润回流所需的外汇储备也随之增加,外商直接投资结构对我国外汇储备币种结构的影响是显而易见的。例如,外商直接投资者持有外币(假设为美元)来中国投资,当然不能直接用美元在我国兴办企业、买证券等投资活动,而是先将美元兑换人民币再进行投资,对于我国央行来说,换来的美元就变成我国的外汇储备了,所以说,美元外商直接投资越多,我国外汇储备中的美元自然就越多,以保证外商直接投资利润的汇回。同样地,欧元、日元等外商直接投资对我国外汇储备币种构成的影响也是一样的道理[60]。

表3-3是2001~2006年我国实际利用外商直接投资国别统计简表。2001年以来,中国香港一直是内地吸收外资最主要、最多的地区,其次分别是维京群岛、日本、欧盟、美国、韩国和中国台湾。当然,这些国家或地区来我国进行直接投资的货币和利润返回的货币不一定是一致的。如美国外商来华投资使用的是美元,利润汇回一般也是使用美元,而中国香港来中国大陆投资使用的是港币,由于港币不是自由兑换货币,所以目前利润汇回的一般也是使用美元。所以港币、台币和韩元所对应的国家(或地区)的投资利润返回均以美元计算。照此推算,可以初步估算出我国2006年外商直接投资的币种结构为:美元70%左右,欧元15%左右、日元10%左右、英镑2%左右[61]。

表 3-3　2001~2006 年我国实际利用外商直接投资统计表

单位：%

国别或地区	2001 年	2002 年	2003 年	2004 年	2005 年	2006 年
日本	9.28	7.94	9.45	8.99	10.82	7.30
美国	9.46	10.28	7.85	6.5	5.07	4.55
英国	2.24	1.7	1.89	0.131	1.6	1.15
德国	2.59	1.76	1.6	1.76	3.14	3.14
法国	1.13	1.09	1.13	1.08	0.61	0.61
欧盟	8.92	7.03	7.35	6.99	7.17	8.45
韩国	4.59	5.16	8.39	10.3	8.57	6.18
中国台湾	6.36	7.53	6.31	11.1	3.57	3.39
维京群岛	10.76	11.6	10.8	31.33	14.96	17.85
中国香港	35.66	33.86	33.08	—	33.71	32.11

资料来源：林静兰. 我国外汇储备动态管理问题研究——适度规模与币种结构 [D]. 苏州大学硕士学位论文，2007；中华人民共和国商务部（http://www.mofcom.gov.cn）外商投资统计。

第四节　储备货币风险收益对我国外汇储备币种结构的影响

我国外汇储备管理遵循"安全性、流动性及收益性"三原则，在现阶段外汇储备非常充裕的情况下，已经完全能够满足外汇储备基本的执行职能，那么收益性就越来越成为人们关注的焦点。外汇储备币种结构合理与否直接决定储备收益水平，所以，为了确保外汇储备的保值增值，分析储备货币的风险收益对构建合理的外汇储备币种结构具有重要意义。

衡量外汇储备的收益率，首先要确定基准货币，也就是计价货币。选择不同的基准货币，计算出来的储备收益率是不一样的，对应的储备币种结构也会发生变化。举例来说，假如外汇储备只含有美元和欧元两种货币，且储备资产均是国债。如果选美元为基准货币，那么美元资产的收益率为美国国债利率，相对地可以看作无风险资产；欧元资产的收益率为欧盟债券利率加上汇率损益，汇率损益是波动的，是有风险的，所以这时欧元资产应该看成风险资产。如果国家投资行为是风险规避的，那么它可能会尽可能地多选择美元资产，风险低；如果国家投资行为是风险偏好的，它可能会尽可能地选择欧元资产，高风险可以带来高回报。如果选择欧元作为基准货币时，情况恰恰相反。在确定基准货币之后，我们的工作是收集各储备货币的利率及汇率数据，根据这些数据计算各储备货币的收益率和风险。当然，有了这些收益率和风险数据还不能一眼就看出，怎样分配外汇储备币种结构使整体收益率最大、风险最小，我们还要借助一些最优化模型（如Markoviz的均值—方差最优化模型），这将是后面章节要解决的问题，在此不做介绍。

第五节 汇率制度安排对我国外汇储备币种结构的影响

汇率制度是指一国货币当局对本国汇率变动所做的一系列安排或规定。按照汇率变动的幅度，汇率制度分为固定汇率制和浮动汇率制。在现行的国际货币制度下，大部分国家实行有管理的浮动汇率制度。所谓有管理的浮动汇率，是汇率由外汇市场上的供求关系决定的同时，国家对外汇市场进行各种形式的干预，主要通过买卖外汇来影响汇率，维持汇率的合理和相对稳定，而买卖外汇最主要的工具就是外汇储备。

由于央行在外汇市场上有干预性需求，所以外汇储备币种结构优化时必须考虑其维持本币汇率稳定职能的要求，以满足在外汇市场上干预时对某种外汇资金的需要。1994年以前，我国先后经历了固定汇率制度和双轨汇率制度。1994年汇率制度改革，人民币实行以市场供求为基础的、单一的、有管理的浮动汇率制度。由于外汇市场的主要交易币种为美元，人民币汇率管理实际上是一种变相的钉住美元的汇率管理制度。为了维持这一相对固定的兑换关系，我国中央银行就必须大量持有美元作为干预货币，以满足随时通过外汇市场干预来稳定本币与美元之间的兑换比例。所以，这种汇率制度对币种分配的影响是势必要求美元在外汇储备中占有较高的比例份额。Michael Dooley 等（1989）针对发展中国家的钉住汇率制度的研究发现，对发达国家和钉住汇率制度的发展中国家而言，其外汇储备构成中的美元、法国法郎和日元的比重受汇率制度的影响最大。这进一步肯定了一国外汇储备的币种结构与汇率制度之间的相互关联性。

2005年7月12日起，我国开始实行以市场供求为基础、参考一篮子货币、有管理的浮动汇率制度。与单一钉住美元汇率制度相比，参考一篮子货币可以更全面地反映人民币对主要货币的汇率变化，有利于应对美元不稳定所带来的不利影响，缩小人民币多边汇率的波动。中国没有公布这个货币篮子的全部组成货币和权重，但是篮子货币的确定是以对外贸易额为主要参考指标毋庸置疑。目前，美国、欧元区、日本等是我国最主要的贸易伙伴，相应地，美元、欧元、日元等也自然成为主要的篮子货币。此外，由于新加坡、英国、马来西亚、俄罗斯、澳大利亚、泰国、加拿大等国与中国的贸易比重也不低，所以它们的货币对人民币汇率也是很重要的。由此可见，这种汇率制度安排的直接影响是降低美元在外汇储备中的比例和相应地增加其他货币，使我国外汇储备币种更多元化，更符合我国经济发展的需要[61]。

第六节　其他影响因素

除了上述外汇储备币种结构影响因素之外，还存在其他一些因素。例如：①货币的国际地位，各国都倾向于将国际地位比较高（前提是硬通货）的货币作为储备货币；②储备货币的机会成本，持有某种货币的机会成本越低，政府持有这种货币的意愿就越强，某种储备货币的机会成本与此货币在外汇储备中的份额是反方向变化的；③储备货币结算的方便性；④国家之间的政治因素等。

总之，影响一个国家外汇储备结构的因素繁杂众多，而且这种因素又经常处于变化之中。正是由于这个原因，学术界和政府部门对外汇储备结构还没有一致的结论；也正是影响外汇储备币种结构的因素较多，要想把这些因素全部量化到某个模型中存在一定的困难，这也是国内外在外汇储备问题研究上涌现的文献大部分是定性而定量较少的原因，当然这也是我们努力的方向。

第七节　本章小结

目前如何确定合理的我国外汇储备币种结构，怎样权衡外汇储备的"安全性、流动性及收益性"三原则等都是我国亟待解决的问题，本章分析外汇储备币种结构影响因素为最优币种结构的确定奠定了基础。

第四章 外汇储备币种结构选择的传统模型

传统外汇储备币种结构选择理论主要有三种：资产组合理论、海勒—奈特模型及杜利模型。下面分别对这三种理论进行介绍。

第一节 资产组合选择模型的理论基础和模型框架

自从布雷顿森林体系解体之后，外汇储备的币种结构由单一的美元币种向多元化的币种结构趋势转变。储备货币由单一的美元转变为以美元为主、其他国际货币（如欧元、日元、英镑等）并存的局面。如何寻找到一个平衡收益与风险的最优外汇储备币种结构、构造一个多元化的投资组合成为一种重要的问题。如果仅从风险收益角度出发而忽略掉所有其他影响外汇储备币种结构的约束条件之后，外汇储备币种多元化问题实际上就是最优投资问题，因此可以将资产组合选择模型的理论框架运用于外汇储备币种结构最优化的分析中。

资产组合理论起源于托宾（J. Tobin）[1] 与马柯维茨（H. M. Markowitz）[2] 研究，其核心问题就是通过资产的分散组合来降低风险获取盈利。换句话说，

---

[1] J. 托宾. 流动性偏好作为对付风险的行为 [J]. 经济研究评论, 1958 (2).
[2] H. M. 马柯维茨. 资产选择 [Z]. 考利斯基金专著, 1952 (16).

就是在一定风险条件下收益最大化，或者是在一定收益下使风险最小化。资产组合理论中的主要方法是均值方差分析，其步骤如下：首先是确定可供选择的资产对象；其次是对欲选择的资产前景进行分析，并估计各资产的收益率、方差和协方差；再次是确定有效边界，即利用估计出的收益率、方差和协方差来确定构成有效边界的有效资产组合的组成部分和位置；最后是找出最优资产组合，即无差异曲线与有效边界的切点。

一、马柯维茨理论的假设条件

假设1：投资收益率的概率分布是已知的。

假设2：投资风险用投资收益率的方差或标准差标识。

假设3：影响投资决策的主要因素为期望收益率和风险。

假设4：投资者都遵守占优原则，即同一风险水平下，选择收益率较高的资产；在同一收益率水平下，选择风险较低的资产。

二、投资组合的可行域及有效边界

选定了每个证券的投资比例，就确定了一个证券组合，可以计算组合的期望收益率（E_p）和标准差（σ_p），从而可在 E_p-σ_p 坐标系中确定一个点。因此，每个证券组合对应于 E_p-σ_p 坐标系中的一个点；反过来，E_p-σ_p 坐标系中的某个点有可能对应某个特定的证券组合。如果投资者选择了全部有可能选择的投资比例，在 E_p-σ_p 坐标系中，众多的证券组合点将组成一个区域，这个区域被称为可行域或机会集。可行域中的点所对应的组合才是"有可能实现"的证券组合。因此，可行域就是由"全体合法的"证券组合在 E_p-σ_p 坐标系中形成的区域。

可行域的形状依赖单个证券的收益和风险，以及证券之间的协方差，还依赖各证券的投资比重。图4-1是几种典型的可行域，其中封闭区域表示不允许卖空情况下的可行域，不封闭的表示为允许卖空情况下的可行域。但它们都有一个共同点,就是左上边缘部分必然向外凸或是线性的[①]。

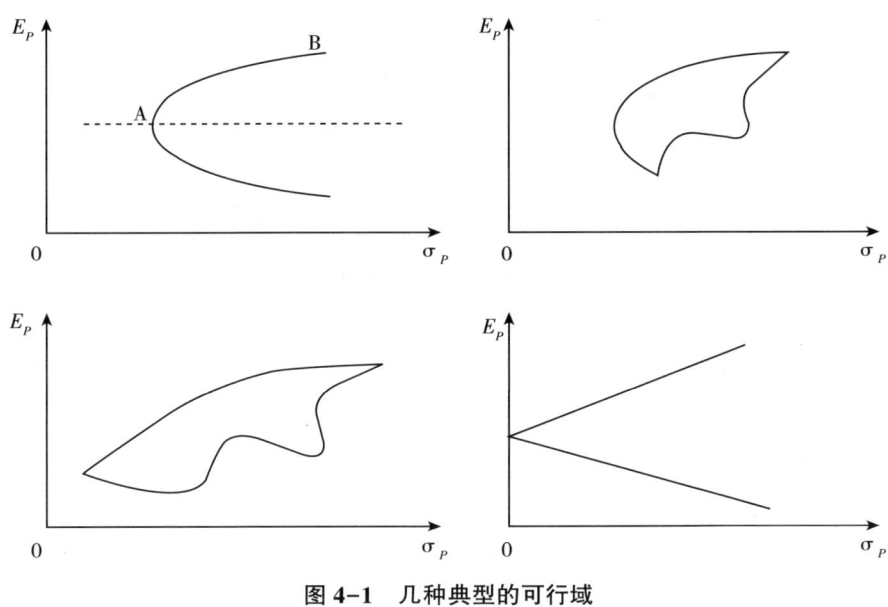

图 4-1　几种典型的可行域

在投资组合的可行域中,投资者选择他的最优投资组合时,一般满足两个条件:①对每一水平的风险,该组合提供最大的预期收益;②对每一水平的预期收益,该组合能提供最小的风险。满足这两个条件的组合被称为有效集,也叫有效市场边界。在图 4-1 左上角的可行域中,我们很容易看出曲线 AB 就是有效市场边界[62]。

三、投资组合的无差异曲线

一条无差异曲线代表能提供给投资者相同效用量的一系列风险和预期收益的组合。在同一条无差异曲线上的组合对于投资者来说是无差异的。任何一个证券组合都落在某一条无差异曲线上,这样就形成无差异曲线族(见图 4-2)。

---

① 证明过程见李向科、丁庭栋(2008)。

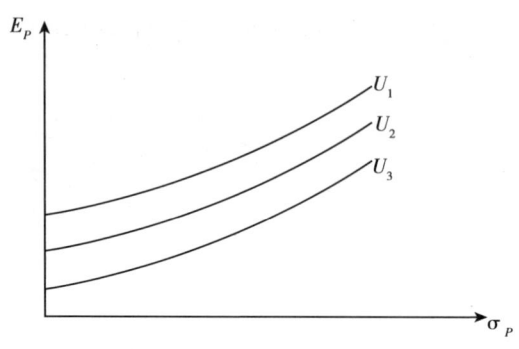

图 4-2 无差异曲线

无差异曲线可以表现出以下几个特点：

（1）每一个投资者都有无数条无差异曲线，位于上方的无差异曲线所代表的效用水平比下方的无差异曲线所代表的效用水平高，这是因为在同一风险水平下，上方的无差异曲线提供更高的预期收益，从另一个角度来看，在同一预期收益率水平下，上方的无差异曲线能提供更小的风险。

（2）每一条无差异曲线都是上升的，因为投资者是风险厌恶的，所以如果要让他承担更大的风险就必须支付更高的收益。

（3）无差异曲线上升的速度是递增的，也就是说无差异曲线是下凸的，这说明随着风险的增加投资者对它的厌恶程度是上升的，为弥补增加的一单位风险必须支付更多的收益。

（4）无差异曲线是不相交的，因为不同的两条无差异曲线代表不同的效用水平。

投资者从有效组合中选择自己的最优组合，显然依赖于个人偏好，而差异曲线恰好是反映投资者个人偏好的[4]。

四、最优投资组合的选择

有效边界与无差异曲线族中的某一条曲线可能相交，这样，有效边界中的每一个点都对应一条无差异曲线。显然，最优组合点应该对应"最高位置"的无差异曲线，这里的最高位置是指处在最"左上方"。

从图形上看,最优组合点是无差异曲线族与有效边界的切点。如图 4-3 所示,投资者将选择有效边界上的 A 点作为最优组合。

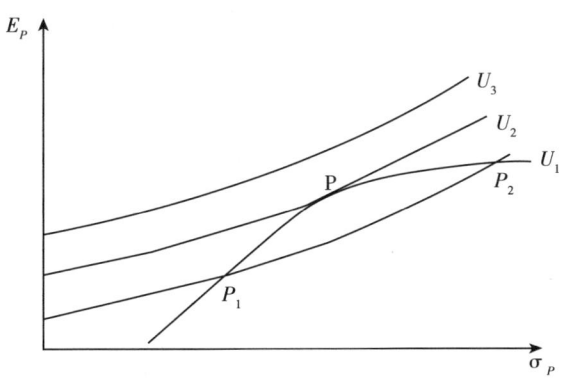

图 4-3 无差异曲线与有效边界的切点是最佳组合点

虽然投资者更希望能达到 U_3 的水平,但是这条无差异曲线上的组合已经落在可行集外,是不可能实现的。无差异曲线 U_1 虽然也与有效市场边界有交点 P_1、P_2,但是,因为 $U_1<U_2<U_3$,所以 P 点的效用最高,且落在有效市场边界上,也就是说,P 点构成了多元证券组合的最佳组合点,而且我们知道无差异曲线是下凸的,而有效市场边界是下凹的,所以这也保证了切点的唯一性[62][4]。

五、马柯维茨均值—方差模型在外汇储备币种结构中的应用

假设一国根据储备货币的挑选原则和其自身的实际需要,选定了 N 种储备货币作为其外汇储备资产的分散投资对象。记这 N 种储备货币的收益向量为 $r=(r_1, r_2, \cdots, r_N)'$,期望收益向量为 $\mu=(\mu_1, \mu_2, \cdots, \mu_N)'$,方差向量为 $\sigma^2=(\sigma_1^2, \sigma_2^2, \cdots, \sigma_N^2)'$,外汇储备各储备的权重向量为 $X=(X_1, X_2, \cdots, X_N)'$。向量中的 r_i、σ_i^2、X_i 分别表示储备货币 i 的收益、期望收益、方差和权重,$i=1, 2, \cdots, N$。关于外汇储备投资组合中的权重还必须满足一个约束条件:

$$\sum_{i=1}^{N} X_i = 1, \quad X_i \geq 0, \quad i = 1, 2, \cdots, N \quad (4-1)$$

其中，要求储备货币权重大于零的目的是不允许卖空。我们知道，普通的投资资金是以追求收益最大化为目标，只要有利可图，可以在做多或做空等交易方式上对不同风险收益投资工具进行最佳搭配，还可以在现货与期货市场上进行联合操作，但在外汇储备资产管理中，安全性和流动性是第一位，只有在保证安全性和流动性的基础上实现收益最大化，所以，外汇储备管理者不会在外汇市场或期货市场上持有某种货币的空头仓位，限制储备货币权重大于零是切合实际的。

外汇储备投资组合的期望收益 μ_p 和方差 σ_p^2 分别可表示为：

$$\mu_p = X'\mu = X_1\mu_1 + X_2\mu_2 + \cdots + X_N\mu_N = \sum_{i=1}^{N} X_i E_i \quad (4-2)$$

$$\sigma_p^2 = X'VX = \sum_{i=1}^{N}\sum_{j=1}^{N} X_i X_j V_{ij} = \sum_{i=1}^{N} X_i^2 V_i^2 + \sum_{i=1}^{N}\sum_{\substack{j=1\\j\neq i}}^{N} X_i X_j V_{ij} \quad (4-3)$$

其中，$V=(V_{ij})$ 表示 N 种储备货币资产的协方差矩阵，V_{ij} 表示储备货币 i 与储备货币 j 的协方差，具体表达式为：

$$V_{ij} = V_{ji} = E[(r_{is} - E(r_i))(r_{js} - E(r_j))] \quad (4-4)$$

根据投资者均为理性经济人的假设，马柯维茨理论认为投资者在证券投资过程中总是力求在收益一定的条件下，将风险降到最小；或者在风险一定的条件下，获得最大的收益。为此，提出了以下三种目标函数的投资组合模型：

（一）已知收益下的风险最小化

在收益给定的情况下，求出资产组合收益的极小方差，最优化模型如下：

$$\min \frac{1}{2}\sigma_p^2 = \frac{1}{2}X'VX$$

$$s.t. \begin{cases} X'\mu = \mu_p = \mu_0 \\ X'\mathbf{1} = \sum_{i=1}^{N} X_i = 1 \\ X_i \geq 0, \quad i = 1, 2, \cdots, N \end{cases} \quad (4-5)$$

其中，**1** 表示每个分量都等于 1 的 N 维列向量，目标函数表示对应于权重

向量 X 的组合的方差（为了求解方便，前面添加了 1/2），第一个约束条件表示组合的收益等于给定的值 μ_0。

为求解最优化模型（4-5），引入拉格朗日算子 λ_1 和 λ_2，建立拉格朗日函数，即：

$$\min_{(X,\ \lambda_1,\ \lambda_2)} L(X,\ \lambda_1,\ \lambda_2) = \frac{1}{2} X'VX + \lambda_1(\mu_0 - X'\mu) + \lambda_2(1 - X'\mathbf{1}) \quad (4-6)$$

对式（4-6）关于 X、λ_1、λ_2 分别求偏导，得：

$$\begin{cases} \dfrac{\partial L}{\partial X} = VX - \lambda_1 \mu - \lambda_2 \mathbf{1} = 0 \\ \dfrac{\partial L}{\partial \lambda_1} = \mu_0 - X'\mu = 0 \\ \dfrac{\partial L}{\partial \lambda_2} = 1 - X'\mathbf{1} = 0 \end{cases} \quad (4-7)$$

易知，式（4-7）包含了 $N+2$ 个等式，为了能得到显式结果，假定 V 是正定矩阵。通过式（4-7）的第一个等式得：

$$X = \lambda_1 V^{-1} \mu + \lambda_2 V^{-1} \mathbf{1} \quad (4-8)$$

将式（4-8）分别代入式（4-7）的后面两个等式，得：

$$\begin{cases} \mu_0 = \lambda_1 \mu' V^{-1} \mu + \lambda_2 \mu' V^{-1} \mathbf{1} \\ 1 = \lambda_1 \mathbf{1}' V^{-1} \mu + \lambda_2 \mathbf{1}' V^{-1} \mathbf{1} \end{cases} \quad (4-9)$$

解这个二元线性方程组，得：

$$\lambda_1 = \frac{C\mu_0 - A}{D}, \quad \lambda_2 = \frac{B - A\mu_0}{D} \quad (4-10)$$

其中，$A = \mathbf{1}'V^{-1}\mu$，$B = \mu'V^{-1}\mu$，$C = \mathbf{1}'V^{-1}\mathbf{1}$，$D = BC - A^2$。

将式（4-10）代入式（4-8），得：

$$\begin{aligned} X &= \frac{\mu_0 C V^{-1}\mu - AV^{-1}\mu}{D} + \frac{BV^{-1}\mathbf{1} - \mu_0 AV^{-1}\mathbf{1}}{D} \\ &= \frac{BV^{-1}\mathbf{1} - AV^{-1}\mu}{D} + \frac{CV^{-1}\mu - AV^{-1}\mathbf{1}}{D} \mu_0 \end{aligned} \quad (4-11)$$

X 就是优化模型（4-5）的解[62]。

（二）已知风险下的收益最大化

在风险给定的条件下，求出资产组合的最大收益，进而得到有效边界曲线，优化模型如下：

$$\max \mu_p = X'\mu = \sum_{i=1}^{N} X_i \mu_i$$

$$s.t. \begin{cases} \sigma_p^2 = \frac{1}{2}X'VX = \sigma_0^2 \\ X'\mathbf{1} = \sum_{i=1}^{N} X_i = 1 \\ X_i \geq 0, \ i = 1, 2, \cdots, N \end{cases} \quad (4-12)$$

同样地，为求解最优化模型（4-12），引入拉格朗日算子 λ_1 和 λ_2，建立拉格朗日函数，即：

$$\max_{(X, \lambda_1, \lambda_2)} L(X, \lambda_1, \lambda_2) = X'\mu + \lambda_1 \left(\sigma_0^2 - \frac{1}{2}X'VX \right) + \lambda_2 (1 - X'\mathbf{1}) \quad (4-13)$$

对式（4-13）关于 X、λ_1、λ_2 分别求偏导，得：

$$\begin{cases} \frac{\partial L}{\partial X} = \mu - \lambda_1 VX - \lambda_2 \mathbf{1} = 0 \\ \frac{\partial L}{\partial \lambda_1} = \sigma_0^2 - \frac{1}{2}X'VX = 0 \\ \frac{\partial L}{\partial \lambda_2} = 1 - X'\mathbf{1} = 0 \end{cases} \quad (4-14)$$

从模型（4-14）中倒数第二个等式来看，其是二次的，所以解不唯一。计算过程较为繁杂，在此不予列出。

（三）多目标投资组合模型

马柯维茨的标准均值—方差模型只有一个目标（如收益最大化或风险最小化），多目标模型改进了目标函数，力求使投资者的各种目标同时得到满足。下面简单介绍一下马柯维茨的标准均值—方差模型改进的以收益最大和方差最小为目标的多目标模型，它可以使投资者收益尽可能大、风险尽可能小的理性观点同时得到体现。模型如下：

$$\max \mu_p = X'\mu$$

$$\min \sigma_p^2 = \frac{1}{2}X'VX$$

$$s.t. \begin{cases} X'\mathbf{1} = \sum_{i=1}^{N} X_i = 1 \\ X_i \geq 0, \ i = 1, 2, \cdots, N \end{cases} \quad (4-15)$$

上述多目标模型也可以转变为单一目标的优化模型：

$$\max \mu_p - \frac{\beta}{2}\sigma_p^2 = X'\mu - \frac{\beta}{2}X'VX$$

$$s.t. \begin{cases} X'\mathbf{1} = 1 \\ X_i \geq 0, \ i = 1, 2, \cdots, N \end{cases} \quad (4-16)$$

参数 β 在 [0, 1] 中取值，它被称为风险厌恶度。λ 取值越大，投资者风险回避意识越强。

利用拉格郎日算法可求得模型的解为：

$$X = \frac{1}{\beta}V^{-1}\left(\mu - \frac{\mathbf{1}'V^{-1}\mu - \beta}{\mathbf{1}'V^{-1}\mathbf{1}}\mathbf{1}\right) \quad (4-17)$$

（四）动态资产组合模型

在资产投资组合的定量分析中，描述投资的预期收益及风险分别为预期收益和收益方差。为了处理上的方便，在以往的某一投资期内的预期收益率与收益方差均假设为已知的确定的常数，这通常不符合实际情况。Eelias Papaioannou 和 Gregorios Siourounis（2006）[13]、Wu Yi（2007）[14] 等学者运用动态均值—方差最优化模型，研究外汇储备中主要储备货币的最优投资组合。下面我们简单介绍一下动态均值—方差最优化模型。

模型表示如下：

$$\max X'_t E_t(r_{t+1}) = \sum_{i=1}^{N} X_i E_t(r_{i,t+1})$$

$$s.t. \begin{cases} \sigma_{p,t+1}^2 = \frac{1}{2} X'_t V_{t+1} X_t \leq \sigma_0^2 \\ X'_t \mathbf{1} = \sum_{i=1}^{N} X_{i,t} = 1 \\ X_{i,t} \geq 0, \ i = 1,2,\cdots,N, \forall t \end{cases} \quad (4-18)$$

其中，$E_t(r_{i,t+1})$ 表示在时期 t 对储备货币 i 在下一时期 $t+1$ 的期望收益，$E_t(r_{t+1}) = (E_t(r_{1,t+1}), E_t(r_{2,t+1}), \cdots, E_t(r_{N,t+1}))$ 为期望收益向量。$X_{i,t}$ 表示储备货币 i 在 t 时期在外汇储备中的权重。V_t 为在时期 t 的各储备资产的协方差。如果仅是求下一期 $t+1$ 的最优组合，就和前面几种非动态优化模型没有区别；如果是求 $t+M$（$M>1$）的多期最优投资组合，那么结果比非动态优化模型要好，但是求解过程也要复杂得多。一般要用到贝尔曼最优化原理来求解[14]。

（五）资产组合理论在外汇储备币种结构中应用的优缺点评析

尽管马柯维茨的均值—方差模型简单易懂、理论成熟，可是由于在建立该模型时所依赖的一些假设条件以及模型本身的特点使该模型在应用过程中存在一定的局限性。

首先，该模型运用的条件要求非常高，为了在投资组合构建中利用马柯维茨的均值—方差模型，投资者必须得到关于感兴趣的证券的收益率、方差及两两间协方差的估计。这样，对于由 N 只股票组成的投资组合，则不仅要有 N 个收益率估计和 N 个方差估计，还要有 $N(N-1)/2$ 个协方差估计，总共 $2N+N(N-1)/2$ 个估计。这样，对于包含证券总数较大的投资组合的最优化分析，如果运用马柯维茨的均值—方差模型，估计的任务是相当大的。这样，不仅需要精通理论的专业人员和现代化的计算设备，还要对瞬息万变的证券市场的各种变化做出及时而准确的反应，这在现有条件下几乎是无法办到的，即使能够勉强做到，其效果也会大打折扣。因此，对于包含证券数目很多的投资组合，该模型是不可行的[4]。

其次，马柯维茨组合理论的最基本假设是资本市场是有效的。在外汇储备币种结构应用中，外汇储备资产主要是债券，即使是成熟的债券市场（如美国国债市场）也不能保证是有效的。

再次，投资组合理论的最优解是由投资者的无差异曲线与有效边界的切点来确定的，而无差异曲线对应的投资者效用函数具有很大的主观性。虽然目前已经研究了很多种方法来测试投资者的效用偏好，但这些方法无论在理论上还是实践中都不能准确描述投资者的效用函数曲线，并且投资者的效用还会随着年龄、生理状况、经济状况等社会环境的变化而变化，因此想要准确定量地刻画投资者效用函数几乎是不可能的。这导致了投资组合最优解的选取成为一个难题。

最后，利用资产选择理论来确定外汇储备最佳币种结构，忽略了对外汇储备的保证国际支付、调节国际收支、稳定汇率及维持一国国际信誉等执行职能的考虑。在现实调查过程当中，有支持的观点，也有反对的意见。Reddy（2003）和 De Leon（2003）对印度和加拿大央行的资产管理方法的调查研究，说明了这些机构在主要国际货币持有方面有追求均值—方差组合多元化的趋势[16,17]。Roger 和 Scott（1993）的研究表明，大多数工业国家的外汇储备结构变化的主要原因是外汇市场干预的结果，而不是资产组合的结果[18]。

虽然马柯维茨的均值—方差模型在外汇储备币种结构优化中存在不足之处，但也有其合理的一面。另外，资产组合理论在 50 多年间得到了长足发展，基于马柯维茨均值—方差理论基础发展起来的新的风险管理技术，如资本资产定价和套利定价等，为我国外汇储备管理提供了坚实的理论基础和管理技术借鉴。

第二节　外汇储备币种结构选择的海勒—奈特模型

海勒（Heller）与奈特（Knight）在他们合作的文章《中央银行的储备货币偏好》[3]中，对资产组合理论在储备币种结构上的应用提出了质疑。他们认为中央银行和私人投资者在投资动机上存在重大区别。个人投资者在选择投资组合资产时考虑的因素只有风险和收益，即在一定风险水平下收益最大化或在一定收益水平下风险最小化,而中央银行分散资产的目标不仅是纯粹的风险收益因素,还要考虑到更多的目标,以及在实现这些目标过程中投资组合决策对汇率、贸易结构、国际收支等的影响。当然,如果外汇储备额比较小,调整投资组合对汇率等的影响可能很小,但如果外汇储备额非常大时,外汇储备资产价格不再是价格接受者,而是价格的制定者,且如果轻易调整组合,比较容易产生示范效应,这样产生的影响是不能忽视的。在这种情况下,海勒和奈特提出一国的汇率制度安排和贸易收支结构是决定储备币种结构的决定因素。

一、汇率制度

在目前的浮动汇率或有管理的浮动汇率制度下,各国中央银行持有的外汇储备资产都面临汇率变动的风险。在外汇储备管理遵循"安全性、流动性和收益性"三原则中,安全性居于第一位,所以如何使汇率风险最小化是外汇储备投资组合主要考虑的问题。另外,中央银行"干预汇率"用汇也是影响外汇储备币种结构的另一重要因素。在不同的汇率制度安排下,各国对外汇储备币种结构是有差异的。

第一,对钉住单一货币的汇率制度,中央银行可以通过持有所钉住货币来消除外汇储备汇率风险,但是这种做法只是保证中央银行名义资产负债上的本金安全,却没有考虑到国内实际消费量随汇率变动的改变。另外,对于钉住单一货币的国家来说,要保证一国干预汇率之需,往往其外汇储备中所钉住货币资产占外汇储备比例相当高。海勒和奈特选择了1973~1976年的76个国家外汇储备样本,通过比较钉住货币汇率制度国家和非钉住货币汇率制度国家的外汇储备币种结构,证实了钉住货币占比较高的事实,也间接证明了汇率制度安排对外汇储备币种结构的影响。

第二,对于钉住一篮子货币的汇率制度安排来说,应使外汇储备币种结构尽量接近于篮子币种结构,即按照篮子货币权数来分配其外汇储备各相应的货币份额比例。这样可以降低储备的汇率风险。

第三,对实行浮动汇率制度的国家来说,降低汇率风险的途径是按照某种有效的汇率指数(如以进口额为权数)对其外汇储备币种结构进行优化。

二、贸易收支结构

在全球经济金融一体化的大背景下,一国的对外贸易及国际资金流动对该国经济产生重要影响,所以除汇率制度安排因素之外,贸易和国际收支结构对外汇储备币种结构也具有重大的影响。

例如,假如一个国家A对德国的贸易货币为马克(1999年已经加入欧元区),当净出口增加时,将会增加A国居民的马克持有量,A国居民把马克兑换为本国货币,则A国货币当局持有马克外汇储备增加;相反,当A国居民对德国的净进口增加时,本国居民用本币向货币当局(或商业银行)购买德国马克,以支付进口用汇,这时,A国货币当局外汇储备中的马克减少。所以,为了满足贸易用汇需求,当一国的贸易集中于储备货币中心国或集中使用储备货币时,该国货币当局将倾向于持有更多的该种贸易货币作为外汇储备。

我们以式(4-19)代表贸易变量:

$$T_{ij} = (E_{ij} + I_{ij}) / (E_i + I_i) \qquad (4-19)$$

其中,E代表出口,I代表进口,i代表东道国,j代表储备货币国(如美国、欧盟、日本、英国等)。

海勒—奈特认为,一国持有某种外汇储备货币额度与该种货币在该国国际贸易中的使用额度呈正比关系,而与该国同其他储备货币中心国的贸易变量呈反比关系。研究建立了反映汇率制度安排和贸易收支结构对外汇储备币种结构影响的计量模型,并回归得出了与理论基本一致的结果。在考虑其他因素时,海勒—奈特发现,一国经济的开放程度、一国的GNP水平等对储备币种结构的影响都不显著,所以在模型中不加以考虑。

海勒—奈特模型的优点是:它开始从外汇储备的特点和执行职能去研究外汇储备币种结构理论问题。讨论一国的汇率制度安排和贸易收支结构对外汇储备币种结构的影响。相对资产组合理论来说,可能更符合中央银行的目标需求。同时,模型区分比较了钉住汇率国家和非钉住汇率国家、欧洲货币体系成员国和非欧洲货币体系成员国之间储备币种结构问题的不同之处,从纵向和横向两方面进行分析,具有一定的全面性。

海勒—奈特模型的缺点有：

第一，作为一种回归模型自身的缺点是，它能回答"是什么"的问题，但不能回答"应该是什么"的问题。也就是说，海勒—奈特模型是通过历史数据来确定模型中的各项参数，能对外汇储备币种结构进行估计和对未来变化进行趋势预测，但不能回答外汇储备币种结构应该如何进行分配的问题，所以海勒—奈特模型的突出作用是阐述汇率制度安排和贸易收支结构在决定外汇储备币种结构上的作用，而不在于其具体数据和结果。

第二，该模型没有外债对外汇储备币种结构的影响。近年来，广大发展中国家快速积累大量外汇储备的同时，外债规模几乎同步增长，所以保证支付外债也就成为外汇储备的一些重要职能。为了避免兑换成本和汇率等风险，外汇储备币种结构不应与外债结构相差太远，迈克尔·杜利（Michaeley Dooley）[5]增加了外债的考虑，发现发展中国家外汇储备币种与外债之间的相关系数甚高。

第三，该模型没有考虑储备货币的风险收益（这正是资产组合理论所考虑的重点），仅从中央银行外汇储备执行职能的偏好上进行分析，实际上随着外汇储备规模增大，一些国家（如中国）的外汇储备已经远远超出了适度规模，在满足安全性和流动性的基础上，开始关注外汇储备的收益性。特别是在全球金融危机阴影还未完全退却、国际金融市场动荡加剧的背景下，外汇储备保值增值已经是各国领导人讨论最多和最关注的问题了，所以模型增加对风险收益的考虑也是合理之举。

第三节　外汇储备币种结构选择的杜利模型

迈克尔·杜利（Michael P. Do Oley）在《外汇储备的币种组合》[5]一文中，提出的模型（简称为杜利模型）同海勒—奈特模型一样，摈弃了"均值—方差"投资组合理论，采用了回归分析法建立了计量统计模型，但除了考虑汇率制度安排和贸易收支结构因素以外，还考虑了外债对外汇储备币种结构的影响，所以，相对来说更完善和更具有现实性。

杜利模型的计量方程如下：

$$\frac{A_{i,k,t}}{\bar{A}_{i,t}} = \beta_0 + \sum_{\substack{v=1 \\ v \neq i}}^{5} \beta_{1,v} \left(\frac{TR_{i,v,t}}{TT_{i,t}} \right) + \sum_{\substack{v=1 \\ v \neq i}}^{5} \beta_{2,v} \left(\frac{D_{i,v,t}}{TT_{i,t}} \right) + \sum_{s=1}^{5} \beta_{3,s} E_{i,s,t} + U_{i,t}$$

(4-20)

其中，$t=1, 2, \cdots, T$ 表示时期数。$i=1, 2, \cdots, n$ 表示国家数。$k=1, 2, \cdots, 5$ 表示储备货币国家数：美国、法国、英国、德国和日本。$s=1, 2, \cdots, 5$ 表示汇率安排状况。$A_{i,k,t}$ 表示在 t 时期 i 国所拥有的储备中以 k 国货币持有的部分（在期末换算成美元计）。$D_{i,v,t}$ 表示在 t 期 i 国储备货币国 v 的货币形式付出的偿债支付。$E_{i,s,t}$ 表示在 t 期 i 国所采用的五种汇率安排（指钉住或自浮动）。$\bar{A}_{i,t}$ 表示在 t 时期末 i 国所持有的外汇储备总额（以美元计）。$TT_{i,t}$ 表示出口、进口和（发展中国家）利息支付额之总和。$TR_{i,v,t}$ 表示在 t 期的贸易总流量（i 国与储备货币中心国 v 之间的出口与进口之和）。

此回归方程反映了贸易流量、外币支付流量和汇率制度安排对外汇储备币种结构的影响。此回归方程的右边分为五大项，第一项为常数项。第二项反映了贸易流量对外汇储备币种结构的影响。需要注意的是，在计算贸易流量时，以进出口的地区贸易结构来反映各种储备货币在贸易中所占份额，仅是近似数据。因为一国的进出口中使用的币种结构不一定就完全等同于贸易的国家（或地区）结构。例如，我国与欧盟的进出口贸易中，用来支付的货币不完全是欧元，也有美元等货币。第三项反映了外债支付对外汇储备币种结构的影响。其中对外债利息支付额用外债乘以 6 个月的欧洲货币存款利率表示。第四项反映了汇率制度安排对外汇储备币种结构的影响。一般来说，钉住某货币制度国家相对非钉住某货币制度国家在其外汇储备中拥有更高比例的该钉住货币资产。第五项为误差项。

杜利模型虽然对海勒—奈特模型进行了一些改进，但还是存在一些固有的缺陷，即它只能说明"是什么"的问题，而不能确切地回答储备币种应该按什么比例进行分配这一规范性的问题，且利用的数据是近似的，所以模型得出的结果只具备参考价值，模型的重要意义在于其考虑角度和思维方法[63]。

第四节 本章小结

本章综合分析了投资组合理论、海勒—奈特模型和杜利模型三种经典的传统模型。投资组合理论主要考虑从外汇储备货币的风险收益,海勒—奈特模型考虑汇率制度和贸易收支结构对储备结构的影响,杜利模型在海勒—奈特模型的基础上增加了外债的考虑。随着全球经济金融市场一体化和国际金融格局的巨大变革,国家外汇储备所需要发挥的功能更多、面临的风险更大,传统的三种模型在目前已经不符合现实的要求,是不完善和不全面的,需对外汇储备结构模型进行改进和完善,这是研究以后需要努力的方向。

第五章 风险选择、投资收益与外汇储备资产币种配置

本章分析外汇储备资产币种配置与风险选择、投资收益之间的关系。假设外汇储备规模的变化将影响国家外汇储备资产投资的风险选择,为此,用三次效用函数刻画外汇储备资产投资在安全性、流动性和收益性三原则之间的权衡关系,建立了基于效用最大化下外汇储备资产投资的币种结构理论模型,并利用真实数据,构建外汇储备币种结构与风险收益之间的一般线性计量模型和"多元时序和滞后协整混合模型",采用了协整分析、格兰杰检验、脉冲响应和方差分解等多种方法进行综合分析。

第一节 外汇储备币种结构理论模型

本节借鉴 J. H. Makin (1971)[64]中的思想,构建适合外汇储备币种结构理论模型,并为下节的实证分析提供理论支持。

假设国家外汇储备总额为 $W>0$,其效用函数为:$U(W) = W + bW^2 + cW^3$①,

---

① 美国经济学家马柯维茨(Harry M. Markowitz)[3]于1952年提出了均值—方差模型,研究在一定风险水平上取得最大的预期收益,或在一定收益水平上使风险达到最小的投资组合选择问题。但模型中只涉及一阶矩(期望)和二阶中心矩(方差),且其理论前提假设是资产收益率服从正态分布。之后的大量实证分析[65,66]表明资产的收益率并非服从正态分布,而是服从非对称的厚尾分布。在这种情况下,收益率高阶矩(特别是三阶矩)是不可忽视的,这也是本书选择三次效用函数的理由。

其中，$b<0$，$c>0$ 且一阶导数 $U'(W)>0$，即外汇储备多多益善。易知，当 $0<W\leq-\dfrac{b}{3c}$ 时，$U''(W)\leq 0$，外汇储备投资表现为风险厌恶；当 $W>-\dfrac{b}{3c}$ 时，$U''(W)>0$ 表现为风险爱好。也就是说，外汇储备较少时，力保安全性和流动性，表现为风险厌恶；当外汇储备逐渐增多时，在保证安全性和流动性的基础之上，更多地考虑收益性，投资行为由风险厌恶转为风险爱好。

当外汇储备 W 是已知时，收益率 R 作为随机变量，下一期的财富可表示为 WR，对应的三次效用函数为：

$$U(WR)=WR+bW^2R^2+cW^3R^3=W(R+bWR^2+cW^2R^3) \quad (5-1)$$

记：

$$U_1(R)=R+bWR^2+cW^2R^3=R+BR^2+CR^3 \quad (5-2)$$

其中，$B=bW$，$C=cW^2$。对式（5-2）两边取期望并进行适当的变形，得：

$$\begin{aligned}EU_1(R)&=ER+B(ER^2)+C(ER^3)\\&=\mu+B[V+(\mu)^2]+C[Q-2(\mu)^3+3\mu ER^2]\\&=\mu+B(\mu)^2+C(\mu)^3+(3C\mu+B)\sigma^2+CQ\triangleq F(\mu,V,Q)\end{aligned}$$
$$(5-3)$$

其中，μ、V、Q 分别为收益率的均值、方差和三阶矩。

假设外汇储备只由美元和欧元组成，它们对应的比重分别为 x_1、x_2，且 $x_1+x_2=1$，美元和欧元收益率及均值、方差和三阶矩分别记为 R_a、μ_a、V_a、Q_a 和 R_e、μ_e、V_e、Q_e，美元收益率和欧元收益率的协方差记为 ρ_{12}。外汇储备是以美元为计价货币，则本书将美元看作基准货币，即 $V_a=Q_a=0$，则外汇储备投资组合期望收益率为：$\mu=x_1\mu_a+x_2\mu_e$，方差为：$V=V_1x_a^2+V_2x_e^2+2\rho_{12}\sqrt{V_aV_e}x_1x_2=V_ex_2^2$，三阶矩为：

$$\begin{aligned}Q&=Q_ax_1^3+Q_ex_2^3+E[(R_a-E[R_a])^2(R_e-E[R_e])]+\\&\quad E[(R_a-E[R_a])(R_e-E[R_e])^2]=Q_ex_2^3\end{aligned}$$

将上述 μ、V、Q 的表达式代入式（5-3），并分别关于 x_1 和 x_2 求导，得：

$$\begin{cases}F_{x_1}=F_\mu\mu_a\\F_{x_2}=F_\mu\mu_e+2F_VV_ex_2+3F_QQ_ex_2^2\end{cases} \quad (5-4)$$

其中，F_{x_1}、F_{x_2}、F_μ、F_V、F_Q 分别表示 $F(\mu, V, Q)$ 关于 x_1、x_2、μ、V、Q 的偏导数，且 $F_\mu>0$，$F_V(\mu\leq-\dfrac{B}{3C})<0$，$F_V(\mu>-\dfrac{B}{3C})>0$，$F_Q>0$[①]。由有约束最优化原理可知，当 $F_{x_1}=F_{x_2}$ 时，效用函数 $F(\mu, V, Q)$ 达到最大值。

以下为 μ_a、μ_e、V_e、Q_e 分别对 x_1 和 x_2 的影响的示意图及其简单说明[②]。[在假设 $F_V(\mu\leq-\dfrac{B}{3C})<0$，$Q>0$ 的前提下，为简单起见，只讨论上述四个因素递增时对 x_1 和 x_2 的影响，如果不做特别说明，四个因素递减的情况与递增恰好相反]。

从图 5-1 可以看出，在其他条件不变的情况下，当美元期望收益率从 μ_a 上升到 μ'_a 时，由于 $F_\mu>0$，关于 x_1 的偏导数曲线 F_{x_1} 是上移至 F'_{x_1}，这时对应的美元比重 x_1 从 $1-z_2$ 增加到 $1-z_1$，相应地欧元的比重 x_2 从 z_2 减少到 z_1，说明美元期望收益率对美元比重具有正面作用，而对欧元比重具有负面作用。

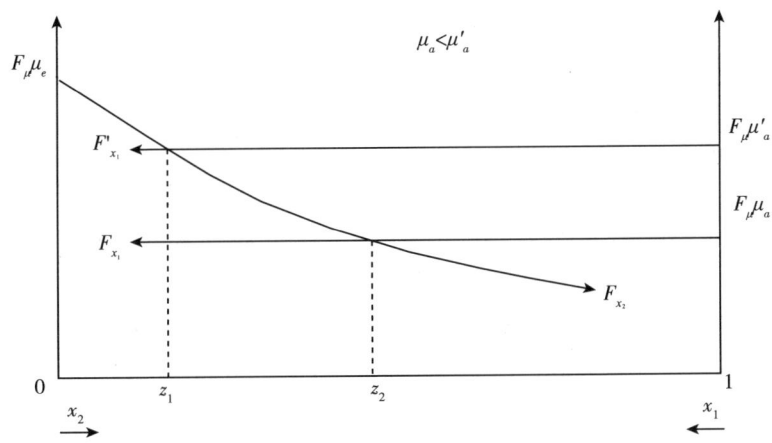

图 5-1 美元收益率对储备币种结构的影响

---

① 详细证明过程参见 H. Levy（1969）[67]。

② 当 $x_2<\dfrac{F_V V_e}{3F_Q Q_e}$ 时，F_{x_2} 曲线是下降的；当 $x_2>\dfrac{F_V V_e}{3F_Q Q_e}$ 时，F_{x_2} 曲线是上升的。本书只考虑下降时与 F_{x_2} 曲线的交点所对应的币种结构，当然不排除在上升时，在 [0, 1] 区间再次与 F_{x_1} 曲线相交的可能性，由于篇幅所限，不在此讨论。

图 5-2 表明，在其他条件不变的情况下，当欧元期望收益率从 μ_e 增大到 μ'_e 时，由于 $F_\mu > 0$，关于 x_2 的偏导数曲线 F_{x_2} 上移至 F'_{x_2}，对应的欧元比重 x_2 从 z_3 增大到 z_4，美元比重 x_1 从 $1-z_3$ 减小到 $1-z_4$。这说明欧元期望收益率对欧元比重具有正面影响，而对美元比重具有负面影响。

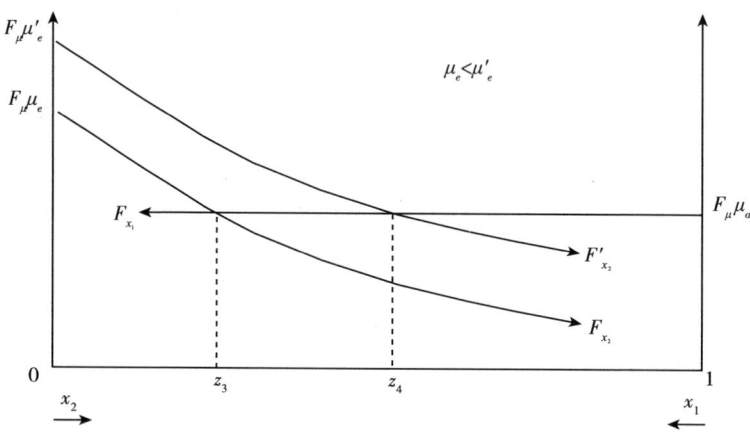

图 5-2 欧元收益率均值对储备币种结构的影响

在图 5-3 中，当欧元收益率方差从 V_e 增大到 V'_e 时，如果国家外汇储备投资是风险规避，即关于方差的偏导数 $F_V < 0$，则偏导数曲线 F_{x_2} 顺时针旋转至 F'_{x_2}，其对应的欧元比重从 z_6 减小至 z_5，美元比重从 $1-z_6$ 增大至 $1-z_5$。

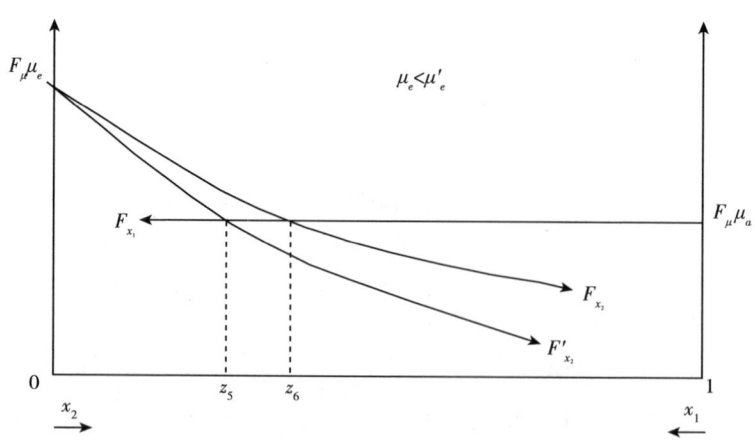

图 5-3 欧元收益率方差对储备币种结构的影响

图 5-4 表明,在其他条件不变的情况下,当欧元收益率三阶矩从 Q_e 增大到 Q'_e 时,由于 $F_Q>0$,偏导数曲线 F_{x_2} 逆时针旋转至 F'_{x_2},其对应的欧元比重从 z_7 增大到 z_8,美元比重从 $1-z_7$ 减少到 $1-z_8$,同样说明欧元收益率三阶矩对欧元具有正面影响,对美元具有负面影响。

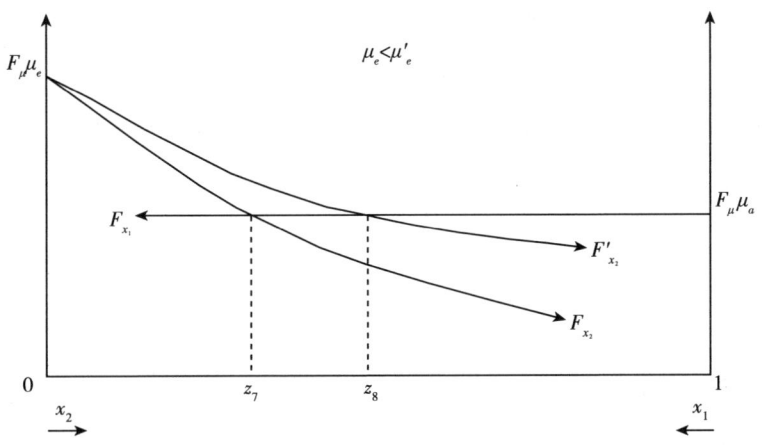

图 5-4 欧元收益率三阶中心矩对储备币种结构的影响

在后面建立计量模型时,为简单起见,假定这些因素之间存在线性关系。其中因变量为外汇储备币种结构(用欧元与美元之比来代替,记为 $L=x_2/x_1$,简称"欧美比"),自变量包括:美元收益率均值(μ_a)和欧元收益率均值(μ_e)、方差(V_e)、三阶矩(Q_e)。

第二节 计量模型与实证研究

一、变量选取的说明

本书接下来将通过实证研究,进一步探求外汇储备币种结构与收益等因素之间的关系，并试图检验实证结果是否与理论推导相符合。在数据的选择上，考虑到外汇储备投资的中长期性，我们分别选取10年期美国国债利率作为美元资产的期望收益率（%），选取10年期欧洲中央银行债券利率，并通过汇率换算计算出以美元计价的欧元资产期望收益率（%），欧元收益率的方差（三阶矩）是通过每个时期的前12个季度的方差（三阶矩）来代替（‰），是外汇储备中欧美比采用国际货币基金组织公布的所有国家外汇储备结构数据，上述数据均是选取2000~2008年的季度数据，数据来源于美联储、欧洲中央银行和国际货币基金组织网站。

二、单位根检验

由于经济变量多具有非平稳性的特征，为真实地反映变量之间的关系，我们首先对这些变量时间序列的平稳性进行检验。我们采用 Dickey 和 Fuller (1981)[68]提出的 ADF（Augment Dickey-fuller）方法进行单位根检验。在检验过程中，根据各变量时间序列的折线图确定截距和时间趋势的有无，最佳滞后期以 AIC 准则来确定。检验结果如表 5-1 所示。

表 5-1 单位根检验结果

原序列	ADF 统计量	1%临界值	5%临界值	检验类型 (C, T, M)	检验结果
L	-1.4496	-3.6394	-2.9511	(C, 0, 0)	不平稳
μ_a	-2.9384	-4.2529	-3.5485	(C, T, 0)	不平稳
μ_e	-2.8119	-4.2529	-3.5485	(C, T, 0)	不平稳
V_e	-3.4104**	-3.6463	-2.9540	(C, 0, 1)	平稳
Q_e	-4.9960*	-2.6347	-1.9510	(0, 0, 0)	平稳
$D(L)$	-4.5799	-2.6369	-1.9513	(0, 0, 0)	平稳
$D(\mu_a)$	-7.2009*	-2.6369	-1.9513	(0, 0, 0)	平稳
$D(\mu_e)$	-4.9255*	-2.6369	-1.9513	(0, 0, 0)	平稳

注：①临界值根据 Mackinnon (1996) 的数值表决定；② * 为 1%显著性水平，** 为 5%显著性水平；③检验类型（C, T, M），其中 C 表示常数项，T 表示趋势项，M 表示滞后阶数，M 值由 Eviews 5.0 软件根据 AIC 准则自动选取。

从表 5-1 可以看出，变量序列欧元收益率方差（V_e）和三阶矩（Q_e）是平稳的，欧美比（L）、美元收益率（μ_a）和欧元收益率（μ_e）的水平项都是不平稳的，而它们的一阶差分在 1% 的显著水平上均为一阶单整序列。

三、协整分析

协整关系表示一系列非平稳变量之间的共同变化，其经济意义在于：两个或多个变量，虽然具有各自的长期波动规律，但如果是协整的，则它们之间存在着一个长期稳定的比例关系。我们用 Johansen（1991）[69] 极大似然法检验不平稳序列 L、μ_a 和 μ_e 是否具有协整关系，即变量之间是否存在一种长期的均衡关系。目前，在选择滞后期方面存在一个尴尬的局面，即既要考虑所选的滞后期能够反映所构造模型的动态特征，又要考虑所选择的滞后期能使模型有足够数目的自由度。由于本书样本空间有限，在 AIC 信息准则和 SC 准则基础上，我们选择的滞后期为 5，协整检验结果如表 5-2 所示。

表 5-2　L、μ_a 和 μ_e 变量协整检验结果

零假设	特征值	迹检验		最大特征值检验	
		Trace	5% 临界值	$\lambda - \max$	5% 临界值
$r \leq 0$	0.5791	52.8992*	35.1928	23.3672*	22.2996
$r \leq 1$	0.5036	29.5320*	20.2618	18.9107*	15.8921
$r \leq 2$	0.3252	10.6213*	9.1646	10.6213*	9.1646

注：r 表示协整向量的个数，* 表示在 5% 的显著水平下拒绝零假设。

迹检验和最大特征值检验结果表明，每一个 VAR 系统的变量之间均存在三个协整关系，这说明欧美比、美元收益率、欧元收益率在样本期内存在长期均衡关系。我们以最大特征值所对应的协整关系作为变量间的长期均衡关系，对第一个协整向量做正则化处理，得 $\hat{\beta}=$（1, 0.0173, -0.0025, -0.3579），其对应的协整关系为：

$$L = -0.0173\mu_a + 0.0025\mu_e + 0.3579 \tag{5-5}$$
$$(-1.90) \quad (14.06) \quad (8.19)$$

括号中的数字表示各个系数的 t 统计量。从式（5-5）中可以看出，长期而言，变量 L、μ_a 和 μ_e 的符号与理论预期一致，且其系数值均在 5% 水平下显著。

四、Granger 因果检验

模型（5-5）很好地度量了欧美比、美元收益率、欧元收益率三个变量之间的相关程度和方向，但不足以说明这些变量之间的因果关系，难以解释欧美比变动的原因。为此，本节进一步利用 Granger 因果检验法，探究 2000~2006 年外汇储备欧美比和美元收益率、欧元收益率之间的因果关系，具体检验结果如表 5-3 所示。

表 5-3　Granger 因果关系检验结果

原假设		F 值	P 值	观测点	检验结果（显著水平为 5%）
L、μ_a	μ_a does not Granger Cause L	3.0504	0.0489	30	拒绝原假设
	L does not Granger Cause μ_a	2.5184	0.0832		接受原假设
L、μ_e	μ_e does not Granger Cause L	7.6882	0.0010	30	拒绝原假设
	L does not Granger Cause μ_e	0.8514	0.4801		接受原假设

从表 5-3 中的结果可以看出，美元收益率（μ_a）和欧元收益率（μ_e）均是欧美比（L）变动的原因。

五、脉冲响应函数

为了更进一步细化探索三者之间的关系，我们利用 Sims（1980）[70] 提出的向量自回归（VAR）技术进行冲击反应（Impulse-response）分析，为了防止 VAR 模型因变量顺序变化给冲击反应函数带来的敏感性，我们采取检验两个变量间关系的一般冲击反应作为回避正交化反应变量顺序依赖性的方法，建立

L 和 μ_a、μ_e 的 VAR 模型进行实际分析①。

从图 5-5 可以看出：① 图 5-5（左）表明美元收益率的正向冲击会使美元与欧元比率下降，在滞后四期时负面效应达到顶点，而之后，这种负效应冲击将逐渐减小并趋向平稳，且根据对 L 与 μ_a 的 VAR 模型进行方差分解（Variance-decomposition）的结果，其对欧美比的影响最大可以占欧美比预测误差的 29.04%。② 图 5-5（右）表明欧元收益率的正向冲击短期会使欧美比上升，在滞后四期时正面效应达到顶点，然而，滞后四期以后，这种冲击将逐渐减小并趋向平稳，但始终为正面效应，而同样根据对 L 与 μ_e 的 VAR 模型进行方差分解的结果，其对欧美比的影响最大可以占欧美比预测误差的 36.13%。

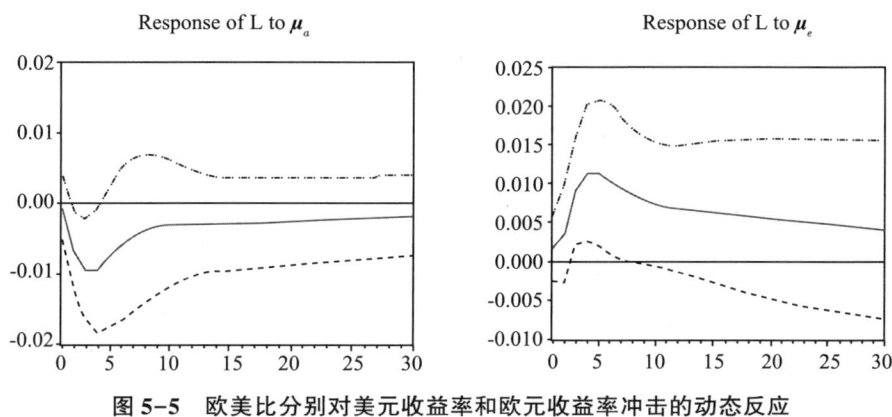

图 5-5 欧美比分别对美元收益率和欧元收益率冲击的动态反应

综合 Johansen 协整检验、Granger 因果检验和脉冲响应可知，长期而言，美元（欧元）收益率对提高美元（欧元）在外汇储备的比重具有显著正影响。换句话说，欧元收益率对欧美比具有正面影响，美元收益率对欧美比具有负面影响。

μ_a 的系数为 -0.0173，表明在其他条件不变的情况下，美元收益率增加 1%②，欧美比将下降 0.0173。当美元收益率增加时，各国央行可能会抛欧元

---

① 米尔斯（2002）[71]指出一般冲击反应不随变量顺序变化，是唯一的，而且全面考虑了不同冲击时间观察到的相关性的历史模式。

② 收益率数据是百分比，方差和三阶中心矩是千分比，后面不再说明。

购美元,或者美元净买量大于欧元净买量等都会导致美元在外汇储备中比重的上升,也即欧美比的下降。根据国际货币基金组织公布的所有国家外汇储备币种结构数据来看,2000~2008年,只有2002年欧元储备新增量比美元多,大约440亿美元;其余年份美元储备新增量都比欧元多,且平均每年多1100亿美元左右。

μ_e 的系数为0.0025,表明在其他条件不变的情况下,欧元收益率增加1%,则欧美比提高0.0025。当欧元收益率增加时,情况恰好与美元收益率增加时相反。目前,在美国次贷危机愈演愈烈的情况下,特别是房利美与房地美被美国政府接管、华尔街投资银行集体消失、欧美商业银行纷纷破产或被国有化、政府出资850亿美元救援保险巨头美国国际集团(AIG)等接连发生,国家外汇储备转向购买欧元资产的可能性更大。如俄罗斯中央银行的统计报告显示,2008年1~8月,俄罗斯央行对美国抵押贷款机构债券的投资缩减了40%,且某些债券到期后,不会再购买下一期。

六、多元时序和滞后协整混合模型

前面分析了L和μ_a、μ_e三者之间的关系,但没有考虑欧元收益率方差(V_e)和三阶矩(Q_e),为此将建立包括V_e和Q_e的多元时序和滞后协整混合模型①。在以往的预测研究中,通常考虑利用变量自身的历史信息,建立时间序列模型对目标变量进行预测,或者利用经济变量之间的相互关系,建立回归模型进行预测。在实际经济系统中,经济变量往往既受到自身历史信息的影响,又与其他经济变量相互联系,有的甚至与其他经济变量过去或将来的某一时刻的关系更为密切,这时只用一种模型进行预测显然是不足的。

为此,我们首先对经济变量进行了滞后分析,以确定变量间相关性最大时所对应的最优领先或滞后期数。具体表述如下:

建立模型时,一方面,需要寻找与L相关性最大的自变量领先或滞后序列$\mu_a(k_1)$、$\mu_e(k_2)$、$V_e(k_3)$和$Q_e(k_4)$ ($k_i = 0, \pm 1, \pm 2, \cdots; i = 1, 2, 3, 4$),也

---

① 此模型借鉴王红,童恒庆. 多元时序和滞后协整混合模型[J]. 统计与决策,2008(19).[72]

即要确定自变量的最优领先或滞后期数 k_i，使它们和因变量的相关性达到最大值。确定 k_i 的方法有相关系数法、时差相关系数法以及 K-L 信息量等方法。我们选用相关系数的方法确定变量间的最优领先或滞后期数，即分别计算因变量序列 L 与各自变量的领先或滞后序列 $\mu_a(k_1)$、$\mu_e(k_2)$、$V_e(k_3)$ 和 $Q_e(k_4)$（$k_i = 0, \pm 1, \pm 2, \cdots; i = 1, 2, 3, 4$）之间的相关系数，取最大相关系数所对应的 k_i 值为 L 和各自变量之间的最优滞后或领先期数。计算得：$k_1 = k_2 = 0$，$k_3 = -1$，$k_4 = -4$，从而得到各序列 μ_a、μ_e、$V_e(-1)$ 和 $Q_e(-4)$ 参与模型。另一方面，要选择与 L 相关性最大的因变量自身滞后时间序列 $L(-1), L(-2), \cdots, L(-P)$。计算 L 与 $L(-1), L(-2), \cdots, L(-P)$ 之间的相关系数，若最大相关系数所对应的序列为 $L(-P)$，则选择 $L(-1), L(-2), \cdots, L(-P)$ 参与模型（本书得出的 $P = 1$）。这样，既考虑到因变量自身历史信息对其预测的作用，又考虑到其他经济变量的最优时间序列对因变量的影响，从而使预测更加准确。结果得出：

L、$L(-1)$、μ_a、μ_e、$V_e(-1)$ 和 $Q_e(-4)$ 六个变量参与模型。

其次，通过对上述变量进行回归分析，得：

$L = 0.6869L(-1) - 0.0148\mu_a + 0.0006\mu_e - 0.0059V_e(-1) + 0.0073Q_e(-4) + 0.1792$
$\quad\quad (5.44)^* \quad\quad (-2.42)^* \quad\quad (2.10)^* \quad\quad (-3.15)^* \quad\quad (1.73)^{***} \quad\quad (3.17)^*$

(5-6)

$R^2 = 0.95 \quad \text{Adjusted-}R^2 = 0.94 \quad F = 94.23 \quad D.W. = 2.01 \quad h = -0.02$

其中，括号中为 t 统计量，$*$ 和 $***$ 分别表示在 1% 和 10% 水平下显著，$R^2 = 0.95$ 和 Adjusted-$R^2 = 0.94$ 表明模型的样本拟合度很强。h 为德宾提出的检验一阶自相关的 h 统计量，$|h| = 0.20 < h_{0.025} = 1.96$，表明模型（5-6）不存在序列相关性。

最后，我们对模型（5-6）进行滞后协整分析。由前面的单位根检验可知，模型中 L、$L(-1)$、μ_a 和 μ_e 都是一阶单整的，而 V_e 和 Q_e 是平稳的，所以必须分别验证以下两个残差序列的平稳性：

$$\begin{cases} e_1 = L - 0.6869L(-1) + 0.0148\mu_a - 0.0006\mu_e \\ e_2 = L - 0.6869L(-1) + 0.0148\mu_a - 0.0006\mu_e + 0.0059V_e(-1) - \\ \quad\quad 0.0073Q_e(-4) - 0.1792 \end{cases}$$

(5-7)

表 5-4　残差单位根检验

原序列	ADF 统计量	1%临界值	5%临界值	检验类型（C, T, M）	检验结果
e_1	-4.2137*	-3.6463	-2.9540	(C, 0, 0)	平稳
e_2	-5.6896*	-2.6443	-1.9525	(0, 0, 0)	平稳

注：①临界值是根据 Mackinnon（1996）的数值表决定；② * 为1%显著性水平；③检验类型（C，T，M），其中 C 表示常数项，T 表示趋势项，M 表示滞后阶数，M 值由 Eviews 5.0 软件根据 AIC 准则自动选取。

从表 5-4 可以看出，e_1 和 e_2 都是平稳的。其中 e_1 平稳说明了 L、$L(-1)$、μ_a 和 μ_e 四个变量序列存在滞后协整关系，再将 e_1 与 V_e、Q_e 做回归分析，e_2 也是平稳的，且其他相关统计量都很好，这说明了模型（5-6）是有效的。

从模型（5-6）可以看出，各系数的符号均与理论相符合。V_e 的系数为 -0.0059，表明在其他条件不变的情况下，欧元收益率方差增加 1‰，欧美比下降 0.0059，这说明国家外汇储备投资是风险规避的。现实中大部分国家（特别是发展中国家）的外汇储备都是投资于安全性有保障的国债或政府机构债券。如截至 2008 年 6 月底，中国投资于美国长期债券的金额为 10752 亿美元，占当时中国外汇储备的 59%，其中投资于美国财政部国债的比率为 48%、投资于美国政府机构债券的比率为 49%、投资于美国企业债券的比率仅为 3%。

Q_e 的系数是 0.0073，表明了在其他条件不变的情况下，欧元收益率三阶矩增加 1‰，欧美比提高 0.0073。这说明正的偏度是令投资者满意的，因为增大三阶矩可以在降低大规模负收益概率的同时增加大规模正收益的概率。

第三节　本章小结

本书假设外汇储备比较少时，国家主要是从保证国际支付、调节国际收支、稳定汇率等执行职能上考虑，力保安全性和流动性，这时国家投资行为表现为风险厌恶;当外汇储备较多时,在保证安全性和流动性的基础上,适当地追求高风险高收益,这时投资风格已经由风险厌恶逐渐转为风险爱好。为此,用三次效用函数刻画外汇储备在安全性、流动性和收益性三原则之间的权衡关系,建立了基于效用最大化下外汇储备币种结构理论模型,并利用真实数据进行实证分析。

第一,储备货币收益率对储备货币在外汇储备中的比重有显著正效应。通过单位根检验、协整分析、格兰杰检验等方法进行综合分析发现:欧美比、欧元收益率和美元收益率三者之间存在协整关系。从长期来看,欧元收益率和美元收益率对提高各自货币在外汇储备中的比重具有显著正影响。

第二,储备货币收益率三阶矩对储备货币比重具有正面作用。通过运用"多元时序和滞后协整混合模型",分析欧美比、美元收益率、欧元收益率及其方差和三阶矩之间存在的关系,结果表明欧元收益率三阶矩对欧元在外汇储备中的比重具有正面作用,这说明正的偏度是令投资者满意的,因为增大三阶矩可以降低大规模的负收益概率的同时增加大规模正收益的概率。

第三,从总体来看,外汇储备投资是风险规避的。现实中大部分国家(特别是发展中国家)外汇储备都是投资于安全性有保障的国债或政府机构债券,如截至2008年6月底,中国投资于美国长期债券的金额为10752亿美元,占当时中国外汇储备的59%。其中投资于美国财政部国债的比率为48%、投资于美国政府机构债券的比率为49%、投资于美国企业债券的比率仅为3%。

第六章 我国外汇储备币种结构的估计

我国外汇管理局和中国人民银行定期发布外汇储备余额的数据,但并没有披露外汇储备的具体构成。所以对于我国学者来说,研究外汇储备币种结构缺乏数据的支持。为此,本书在借鉴盛柳刚、赵洪岩(2007)[36]的模型与方法的基础之上,进行一定的拓展,并利用2000~2009年的季度数据对我国外汇储备币种结构进行估计。

第一节 外汇储备币种结构估计的数学模型

盛柳刚、赵洪岩(2007)[36]认为当期的外汇储备数量等于上一期外汇储备产生的收益、本期外汇交易净增额以及汇率变化导致的资本损益三者之和。由于外汇管理局没有公布外汇收支的明细表,因此没有本期交易净增外汇的数据,所以只能用人民币外汇占款作为衡量本期交易净增外汇指标的估计。因此外汇储备变化量分解成收益、外汇占款的变化和外汇储备资产损益三个部分。以这一外汇储备变动的会计恒等式来推导外汇储备增长率的分解方程。

假设外汇储备包括 N 种储备货币,为方便起见,假定第一种储备货币为计价货币(本书指美元)。w_t 表示 t 时期的外汇储备总额,w_t^n 表示 t 时期的第 n 种储备货币资产,r_t^n 表示储备货币 n 在 t 时期以储备货币 n 表示的名义收益率,e_t^n 表示 t 时期储备货币 n 兑美元的汇率,$e_t^1 = 1$,c_t 为本期交易净增外汇,即折算成计价货币的外汇占款。那么,t 时期的外汇储备资产可以表示为:

$$w_t = c_t + \sum_{i=1}^{N}(1+r_{t-1}^i)w_{t-1}^n e_t^i = \sum_{i=1}^{N} w_t^n e_t^i \qquad (6\text{-}1)$$

又因为当期的外汇储备等于各储备资产之和,所以可得另一恒等式:

$$w_{t-1} = = \sum_{i=1}^{N} w_{t-1}^n e_{t-1}^i \qquad (6\text{-}2)$$

由式(6-1)和式(6-2)可得:

$$\dot{w}_t = \bar{r}_{t-1} + \frac{c_t}{w_{t-1}} + \sum_{i=1}^{N}\rho_{t-1}^i(1+r_{t-1}^i)\dot{e}_t^i = \bar{r}_{t-1} + \frac{c_t}{w_{t-1}} + \sum_{i=2}^{N}\rho_{t-1}^i(1+r_{t-1}^i)\dot{e}_t^i$$

$$(6\text{-}3)$$

其中,$\dot{w}_t = \frac{w_t - w_{t-1}}{w_{t-1}}$,$\dot{e}_t^i = \frac{e_t^i - e_{t-1}^i}{e_{t-1}^i}$,$\dot{e}_t^1 = 0$,$\rho_{t-1}^i = \frac{w_{t-1}^i e_{t-1}^i}{w_{t-1}}$,$\bar{r}_{t-1} = \sum_{i=1}^{N} r_{t-1}^i \frac{w_{t-1}^i e_{t-1}^i}{w_{t-1}}$。

从式(6-2)可知,外汇储备的增长率分解为平均收益率、新增外汇占款占上期储备比例和汇率变动导致的资本损益三项。其中平均收益率是 N 种储备货币资产收益率的加权平均,资本损益包括汇率变动导致的本金和利息两项的损益。ρ_{t-1}^i 表示 $t-1$ 期储备货币资产 i 所占外汇储备的比重。

为了对平均收益率及 $\rho_{t-1}^i(1+r_{t-1}^i)$ 进行估计,假定其是稳定的,并通过对外汇储备增长率、新增外汇占款比例和汇率变动的 OLS 回归得到平均收益率和各种储备货币资产所占的比重,回归方程如下:

$$\dot{w}_t = \bar{r} + \beta_0 \frac{c_t}{w_{t-1}} + \sum_{i=2}^{N}\beta_i \dot{e}_t^i + \varepsilon_t \qquad (6\text{-}4)$$

回归结果得到的常数项即为估计的外汇储备资产平均收益率,β_0 应该近似等于1,$\beta_i = \rho_{t-1}^i(1+r_{t-1}^i)$,由于使用的是季度数据,而数据期间内储备货币资产 i 的月平均收益率比较低,所以可以近似地认为 β_i 等于储备货币资产 i 的比例,所以 $0 < \beta_i < 1$,$i = 1, \cdots, N$。

从外汇储备变化来看,有少部分外汇储备不是通过正式渠道形成的,它既不属于外汇储备的利息收入和资本损益,也没有形成同期交易净增外汇对应的外汇占款,称之为净错误与遗漏项。这样,当期的外汇储备可分解为上一期外汇储备带来的收益、本期交易净增外汇、汇率变化导致的资本损益以及净错误与遗漏项。根据这一会计恒等式来推导外汇储备增长率的另一个理论方程[37]:

$$w_t = c_t + \sum_{i=1}^{N} (1 + r_{t-1}^i) w_{t-1}^n e_t^i + m_t \qquad (6-5)$$

其中，m_t 为误差与遗漏项目。结合式（6-2）并经过上述类似的推导，可得与式（6-4）相似的回归方程：

$$\dot{w}_t = \bar{r} + \beta_0 \frac{c_t}{w_{t-1}} + \sum_{i=2}^{N} \beta_i \dot{e}_t^i + \gamma \frac{m_t}{w_{t-1}} + \varepsilon_t \qquad (6-6)$$

其中，$\frac{m_t}{w_{t-1}}$ 代表误差与遗漏项和上一期外汇储备的比例，其余的字母代表的意义与式（6-4）一样。从理论上来讲，β_0 等于1。在假设错误和遗漏项与外汇占款比重、汇率变动不相关的情况下，忽略 m_t 会对平均收益率 $\bar{r}$ 造成影响。当 $m_t>0$ 时，忽略 m_t，会导致 OLS 拟合得到的直线截距项上升，即常数项增大，也就是说会高估收益率。相反，当 $m_t \leq 0$ 时，新增外汇储备有来源不明的流出，忽略了 m_t，回归方程估计将会低估收益率[36]。

第二节　模型结构变化检验

对于时间序列数据，因变量和自变量之间的关系可能会发生结构变化，这可能是由经济系统的需求或供给冲击带来的，也可能是制度转变的结果。如世界货币体系的改革、我国于1994年和2005年的两次汇率制度的改革等都会导致我国外汇储备币种结构及收益率发生结构性的变化。简单的回归模型估计要求其参数具有时间不变性，所以有必要对模型结构变化进行检验。常用的检验模型结构变化的方法有 CHOW 检验和基于递归回归的 CUSUM 检验。CHOW 检验关键是事前知道模型结构变化的时间点（即结构断点），而外汇储备中各币种资产比例是否增加不容易知道，更不用说各储备货币资产比例变化的时间点[36]。因此，我们采用 CUSUM 检验来寻找可能的结构断点，然后再用 CHOW 检验来进一步确认结构断点的存在性。

一、CUSUM 检验

Brown 和 Durbin（1968）[73]，Brown、Durbin 和 Evans（1975）[74] 提出了如何运用递归残差来判断未知时间点的结构变化，并设计了基于递归残差累积和的 CUSUM 检验和基于递归残差累积平方和的 CUSUMSQ 检验。Galpin 和 Hawkins（1984）[75] 阐述了如何利用图形来观察结构变化。Kianifard 和 Swallow（1996）[76] 说明了如何运用 CUSUM 来检验未知转折点的结构变化。递归残差可以看成是把观察值逐个加进去做回归。本质上来讲，递归残差就是一阶预测误差。Brown 和 Durbin（1968）[73]，Brown、Durbin 和 Evans（1975）[74] 推导出了计算递归残差的公式：

$$\omega_j = \frac{(y_j - x_j'\hat{\beta}_{j-1})}{\sqrt{1 + x_j'(X_{j-1}'X_{j-1})^{-1}x_j}}, \quad j = K+1, \cdots, n \quad (6-7)$$

其中，X_{j-1} 为解释变量的前 $j-1$ 个观察值，x_j 为解释变量第 j 个观察值。

Brown、Durbin 和 Evans（1975）[74] 假设满足正则性条件和 ε 服从 $N(0, \sigma^2)$ 的情况下，证明了递归残差服从 $N(0, \sigma^2)$。由于 CUSUM 是递归残差的累积和，因此 CUSUM 也服从随机游走过程。CUSUM 的统计量定义为：

$$W_r = \frac{1}{\hat{\sigma}} \sum_{j=K+1}^{r} \omega_j, r = K+1, \cdots, n \quad (6-8)$$

其中，$\hat{\sigma}^2 = \dfrac{\sum_{j=K+1}^{r}(\omega_j - \overline{\omega})^2}{n-K-1}$，$\overline{\omega} = \dfrac{\sum_{j=K+1}^{r}\omega_j}{n-p}$，在原假设 $H_0: \beta_t = \beta$ 成立时，$E(W_r) = 0$。因此 W_r 的置信区间为 $\pm\left\{a\sqrt{n-p} + \dfrac{2a(r-p)}{\sqrt{n-p}}\right\}$。根据不同的显著性水平，$a$ 的取值不同，如果 CUSUM 的值在置信区间之外，则说明有结构性变化[36]。

二、CHOW 检验

CHOW 检验的思想是把方程应用于有结构断点划分出来的每一个子样本

第六章 我国外汇储备币种结构的估计

区间（每一子区间包含的观测值个数应大于方程参数个数，这样才可以在每一子区间估计模型），然后比较利用全部样本进行回归得到的残差平方和与利用每一子区间样本所得到的加总的残差平方和，判断是否发生了结构变化。可以利用下面两个统计量进行检验。

（一）F 统计量

对具有约束条件和无约束条件两种情况的残差平方和进行比较，最简单情况即一个结构断点，计算如下：

$$F = \frac{(\hat{\hat{u}}'\hat{\hat{u}} - \hat{u}_1'\hat{u}_1 - \hat{u}_2'\hat{u}_2)/(k+1)}{(\hat{u}_1'\hat{u}_1 + \hat{u}_2'\hat{u}_2)/(T - 2k - 2)} \quad (6-9)$$

其中，$\hat{\hat{u}}'\hat{\hat{u}}$ 是利用整个样本区间的数据进行回归得到的残差平方和（相当于施加了在两段时期没有结构变化的约束），$\hat{u}_i'\hat{u}_i$ 是第 i 个子区间的残差平方和，$(k+1)$ 是方程参数个数。这一公式可以扩展为多于一个结构断点的情形。如果每个子区间的误差项独立且服从同方差的正态分布，式（6-9）服从 F 分布。如果两段区间没有发生显著变化，F 值应该很小；反之，当 F 值大于临界值时，可以认为出现了结构变化。

（二）对数似然比 LR 统计量

对具有约束条件和没有约束条件下的极大对数似然值进行比较。LR 检验统计量渐进服从 χ^2 分布，自由度等于结构断点个数乘以参数个数 $(k+1)$[77]。

第三节 包含结构变迁的模型

在知道结构变化的时间点的基础上，就可以把样本分为结构变化前后两个子样本进行回归，同时借鉴 Perron（1989）[78] 的模型设计了如下包含结构变迁的模型：

$$\dot{w}_t = \bar{r} + \bar{r}^s D_{0,t} + \beta_0 \frac{c_t}{w_{t-1}} + \sum_{i=2}^{N} \beta_i \dot{e}_t^i + \sum_{i=2}^{N} \beta_i^s \dot{e}_t^i D_{i,t} \quad (6\text{-}10)$$

其中，$D_{i,t}=0$，$if\ t\leq T$；$D_{i,t}=1$，$if\ t>T$；$i=0$，1，…，N，T 为结构变化的时间点。$\bar{r}$ 和 β_i，$i=2$，…，N，衡量的是结构变化前的平均收益率和各储备货币资产比例，而 $\bar{r}^s$ 和 β_i^s（$i=2$，…，N）代表结构变化前后平均收益率和各储备货币资产的变化，所以结构变化后的平均收益率与各储备货币比例分别对应两个参数之和，即 $\bar{r}+\bar{r}^s$ 和 $\beta_i+\beta_i^s$，$i=2$，…，N。另外，也可以通过 $\bar{r}^s$ 和 β_i^s 两个指标的显著性检验来判断模型结构变化。如果 $\bar{r}^s$ 近似等于1，理论上可以判断是没有结构变化的。

第四节 实证研究

一、储备货币的选择及数据说明

（一）储备货币的选择

外汇储备货币币种的选择主要从经济实力、币值稳定性和交易匹配三方面考虑。首先，欧盟、美国和日本是目前世界上最大的三个经济体，也是最具实力的发达地区和国家，其经济发展的成熟度和稳定程度也强于其他国家和地区。在资本市场的广度、深度和流动性方面的优势地位也非常明显，充分地为这些地区和国家提供了货币需求的融资便利，因此，从经济实力和币值稳定方面来看，我国的外汇储备应以欧元、美元和日元为主。其次，从交易匹配角度来看，我国的主要贸易地区是亚洲、欧洲和北美，通过我国商务部网站公布的数据计算，2006年这三个地区的进出口贸易额占贸易总额的93.6%。其中，在亚洲，中国大陆主要的贸易对手是中国香港和日本，结算货币以美元、港币和日元为主；在欧洲，德国、英国、荷兰、法国和意大利等国家与中国的贸易往来金额相对较大,主要结算货币为欧元、美元和英镑;在北美地区,主要贸易国家为美国和加拿大,结算货币主要是美元;与其他地区的贸易往来一是金额较小,二是结算货币多以美元为主。需要说明的是,港币在中国的亚洲贸易结算中占有重要的地位,但港币是钉住美元且由于香港回归后已经是中国的一个特别行政区,中央政府在需要时融通港币非常容易,因此中国的储备货币不需考虑港币。综合以上考虑,本书选择美元、欧元、日元和英镑作为中国的储备货币。

另外,我国外汇储备是以美元来统计的,所以选择美元作为计价货币。在后面分四种情况来建立外汇储备币种结构估计的计量模型,在这四种情况中分别假设外汇储备包含的储备货币为:(美元)、(美元,欧元)、(美元,欧元,日元)、(美元,欧元,日元,英镑)。

(二) 数据的选取

根据所构建的理论模型,在进行计量分析时需要用到的原始数据有:外汇储备,外汇占款,美元兑人民币的名义汇率,欧元、日元和英镑分别兑美元的名义汇率以及误差与遗漏项①。根据以上收集的原始数据,可以生成计量模型中所要用到的变量序列为:外汇储备季度变化率,欧元、日元及英镑汇率的变动率,新增外汇占款与上一期外汇储备之比。

需要说明的是,第一,关于外汇占款数据的选取问题。在我国现行的银行结售汇制度下,中央银行在银行间外汇市场收购外汇形成所有金融机构信贷收支表中的外汇占款。通常所说的国家外汇储备是指可随时供货币当局使用和控制、用于平衡国际收支以及其他目的的对外资产,由国家外汇管理局代表中国人民银行进行管理。因此与通常所说的外汇储备相对应的外汇占款是指中央银行资产负债表中的外汇资产,而不是全部金融机构的外汇占款[36,79]。第二,误差与遗漏项的数值问题。本书所提及的误差与遗漏项目和外汇管理局公布的国际收支平衡表中的误差与遗漏项目在概念上是不一致的,且人民银行的外汇

---

① 外汇储备数据来自外汇管理局和中国人民银行网站;货币当局外汇占款数据来自中国人民银行网站;美元兑人民币的汇率和欧元、日元、英镑兑美元的汇率数据均来自美联储网站,为季度末价格。以上数据均是 2000 年第一季度至 2009 年第二季度的季度数据。

储备与外汇占款不在同一张会计平衡表上反映,所以也无法观察到误差与遗漏项目这一指标。刘莉亚(2008)[37]认为,可以假设外汇储备净误差与遗漏项与国际收支平衡表中的净误差与遗漏项存在一定的正比关系,这样乘以一个因子就可使两者相互替代了。但是国际收支平衡表中的净误差与遗漏项中的数据只有半年度的,没有季度数据。鉴于以上原因,在以下的计量实证中就不考虑误差与遗漏这一项。

二、单位根检验

由于经济变量多具有非平稳性的特征,为真实地反映变量之间的关系,首先对这些变量时间序列的平稳性进行检验。采用 Dickey 和 Fuller(1981)提出的 ADF(Augment Dickey-fuller)方法进行单位根检验。在检验过程中,根据各变量时间序列的折线图确定截距和时间趋势的有无,最佳滞后期以 AIC 准则来确定。检验结果如表 6-1 所示。

表 6-1 单位根检验结果

原序列	ADF 统计量	1%临界值	5%临界值	检验类型 (C, T, M)	检验结果
$\dot{w}_t$	-3.8782	-3.6210	-2.9434	(C, 0, 0)	平稳
c_t/w_{t-1}	-4.1360	-3.6210	-2.9434	(C, 0, 0)	平稳
$\dot{e}_t^2$	-6.3380	-3.6210	-2.9434	(C, 0, 0)	平稳
$\dot{e}_t^3$	-7.0757	-3.6210	-2.9434	(C, 0, 0)	平稳
$\dot{e}_t^4$	-4.7746	-3.6268	-2.9458	(C, 0, 0)	平稳

注:①临界值是根据 Mackinnon(1996)的数值表决定;② * 为 1%显著性水平,** 为 5%显著性水平;③检验类型(C, T, M),其中 C 表示常数项,T 表示趋势项,M 表示滞后阶数,M 值由 Eviews 5.0 软件根据 AIC 准则自动选取。

从表 6-1 中可以看出,变量序列外汇储备变化率($\dot{w}_t$)、外汇占款占外汇储备比例(c_t/w_{t-1})以及欧元、日元、英镑的汇率变化率($\dot{e}_t^2$、$\dot{e}_t^3$ 和 $\dot{e}_t^4$)都是平稳的。

下面我们分四种情况来建立回归方程，对我国外汇储备币种结构进行估计：①假设我国外汇储备只由一种货币资产——美元构成；②假设我国外汇储备由两种货币资产——美元和欧元构成；③假设我国外汇储备只由三种货币资产——美元、欧元和日元构成；④假设我国外汇储备只由四种货币资产——美元、欧元、日元和英镑构成。

三、假设外汇储备只包含一种货币：美元

我国外汇储备币种构成是保密的，许多学者也对储备币种结构进行了大量研究，尽管没有得出一致的币种估计数据，但是美元资产在我国外汇储备中占有主导地位是毋庸置疑的，所以我们首先假设我国外汇储备只包括美元来估计储备资产的收益率有一定的合理性。根据前面建立的模型，可以得到当 $N=1$ 时的回归模型：

$$\dot{w}_t = \bar{r} + \beta_0 \frac{c_t}{w_{t-1}} + \varepsilon_t \tag{6-11}$$

根据采集的季度数据，对式（6-11）进行回归，得：

$$\dot{w}_t = 0.0212 + 0.7784 \frac{c_t}{w_{t-1}}$$

$$(2.8636)^* \ (7.8307)^* \tag{6-12}$$

$R^2 = 0.63$　Adjusted-$R^2 = 0.62$　$F = 61.32$　$D.W. = 1.62$

其中，括号中为 t 统计量，*表示在1%水平下显著。

从模型（6-12）的估计结果来看，在2000年第一季度至2009年第二季度期间，我国外汇储备季度收益率为 $\bar{r}=0.0212$，折合年利率为8.4%。新增外汇占款占上一期外汇储备比例的系数 $\beta_0=0.7784$，比较接近1，与理论分析的结果保持一致。另外系数 $\bar{r}$ 和 β_0 分别在1%水平下显著。

上述模型估计结果成立的前提是参数在整个样本期间具有时间不变性，所以对模型的结构变化检验是十分必要的，下面我们采用CUSUM检验［见图6-1（a）］和CUSUM平方检验［见图6-1（b）］来寻找可能的结构断点，然

后再用 CHOW 检验（见表 6-2）来进一步确认结构断点的存在性。

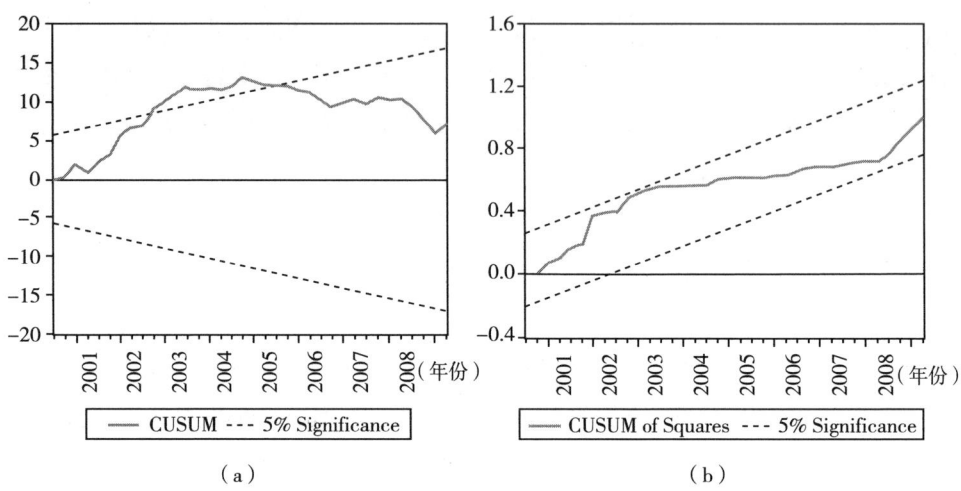

(a)   (b)

图 6-1　CUSUM 检验及 CUSUM 平方检验

表 6-2　CHOW 检验（结构断点是 2002 年第三季度）

Chow Breakpoint Test：2002Q3			—
F-statistic	3.205190	Probability	0.053059
Log likelihood ratio	6.563597	Probability	0.037561

图 6-1（a）表明 CUSUM 检验显示模型的结构性变化可能发生在 2002 年第二季度至 2005 年第一季度，图 6-1（b）CUSUM 平方检验表明模型只是发生温和的结构变化，但是我们通过 CHOW 检验表明（见表 6-2），在 2002 年第三季度前后，估计的参数在前后两个时间段相等的假设被拒绝了。

2002 年第三季度发生了结构性变化。在知道结构变化的时间点之后，根据前面的理论模型建立只包含美元资产外汇储备的结构变迁模型：

$$\dot{w}_t = \bar{r} + \bar{r}^s D_{0,t} + \beta_0 \frac{c_t}{w_{t-1}} + \varepsilon_t \qquad (6-13)$$

利用前面采用的季度数据回归，得：

$$\dot{w}_t = 0.0204 + 0.0027 D_{0,t} + 0.7610 \frac{c_t}{w_{t-1}}$$

$$(2.5676)^{**} \quad (0.2888) \quad (6.4883)^* \tag{6-14}$$

$R^2 = 0.63 \quad \text{Adjusted-}R^2 = 0.61 \quad F = 29.92 \quad D.W. = 1.60$

其中，括号中为 t 统计量，* 和 ** 分别表示在1%和5%水平下显著。

模型（6-14）表明，2002年第三季度之前，外汇储备的季度平均收益率为0.0204，折合年利率为8.16%；2002年第三季度之后，外汇储备的季度平均收益率增加0.0027，增大至 $0.0204 + 0.0027 = 0.0231$，折合年利率为9.24%。可以看出，2002年第三季度后收益率增大了，且包含结构变迁模型（6-12）中得出的平均收益率介于2002年第三季度前后的平均收益率。模型（6-14）中外汇款占上一期外汇储备比例系数同样比较接近1，符合理论预期。

四、假设外汇储备包含两种货币：美元和欧元

美元和欧元是外汇储备中最主要的两种货币。据国际货币基金组织公布的全世界外汇储备币种数据显示，2008年第四季度，美元在已分配（Allocated Reserves of Total Foreign Exchange Holdings）的全球外汇储备中占比为64.97%，欧元为25.89%，合计为90.86%。假设外汇储备只包含美元和欧元是恰当的。根据前面的理论模型建立只包含美元和欧元两种货币资产（$N=2$）的计量模型，即：

$$\dot{w}_t = \bar{r} + \beta_0 \frac{c_t}{w_{t-1}} + \beta_2 \dot{e}_t^2 + \varepsilon_t \tag{6-15}$$

对模型（6-15）进行回归，得：

$$\dot{w}_t = 0.0241 + 0.7083 \frac{c_t}{w_{t-1}} + 0.1637 \dot{e}_t^2$$

$$(3.4143)^* \quad (7.2330)^* \quad (2.3935)^{**} \tag{6-16}$$

$R^2 = 0.68 \quad \text{Adjusted-}R^2 = 0.66 \quad F = 37.55 \quad D.W. = 1.98$

其中，括号中为 t 统计量，* 和 ** 分别表示在1%和5%水平下显著。

模型（6-16）中的参数表明，在2000年第一季度至2009年第二季度这

一样本期间，外汇储备平均收益率为 0.0241，折合年利率为 9.64%。欧元资产比例为 16.37%，外汇占款占上一期外汇储备比例的系数比较接近 1。

同样，我们对模型（6-16）进行结构变化检验，如图 6-2 和表 6-3 所示。

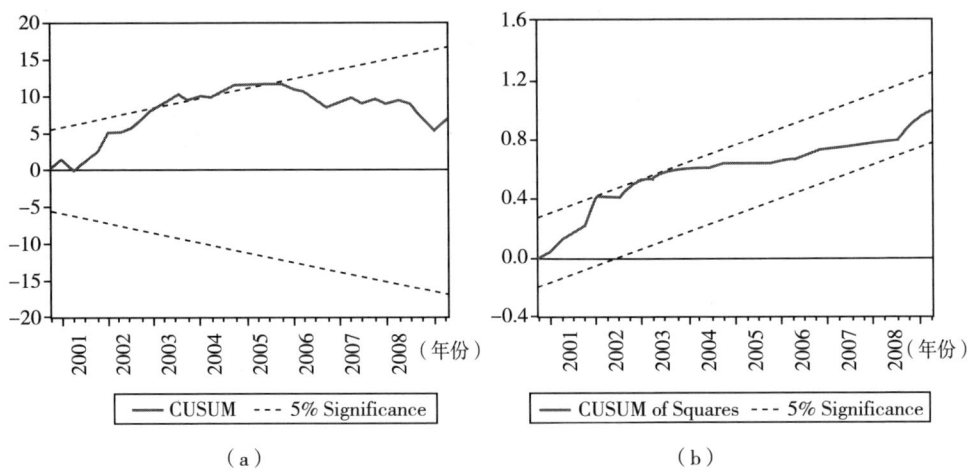

图 6-2　CUSUM 检验及 CUSUM 平方检验

表 6-3　CHOW 检验（结构断点是 2002 年第三季度）

Chow Breakpoint Test：2002Q3			
F-statistic	2.577324	Probability	0.070938
Log likelihood ratio	8.223975	Probability	0.041603

图 6-2（a）表明 CUSUM 检验显示模型的结构性变化可能发生在 2002 年第二季度至 2005 年第一季度，图 6-1（b）CUSUM 平方检验表明模型只是发生温和的结构变化，同样我们通过 CHOW 检验表明，在 2002 年第三季度前后，估计的参数在前后两个时间段相等的假设被拒绝了，也就是模型（6-12）在 2002 年第三季度发生了结构性变化。在知道结构变化的时间点之后，根据前面理论模型建立包含美元和欧元资产的结构变迁模型：

$$\dot{w}_t = \bar{r} + \bar{r}^s D_{0,t} + \beta_0 \frac{c_t}{w_{t-1}} + \beta_2 \dot{e}_t^2 + \beta_2^s \dot{e}_t^2 D_{2,t} + \varepsilon_t \quad (6\text{-}17)$$

进行回归，得：

$$\dot{w}_t = 0.0234 + 0.0028 D_{0,t} + 0.6810 \frac{c_t}{w_{t-1}} + 0.0870 \dot{e}_t^2 + 0.1334 \dot{e}_t^2 D_{2,t}$$

$$(3.0840)^* \quad (0.3219) \quad (5.9314)^* \quad (0.8287) \quad (0.9845)$$

(6-18)

$R^2 = 0.69 \quad \text{Adjusted-}R^2 = 0.66 \quad F = 18.59 \quad D.W. = 1.88$

其中，括号中为 t 统计量，*表示在 1% 水平下显著。

模型（6-18）表明，2002 年第三季度之前，外汇储备的季度平均收益率为 0.0234，折合年利率为 9.36%；2002 年第三季度之后，外汇储备的季度平均收益率增加 0.0028，增大至 0.0234+0.0028=0.0262，折合年利率为 10.48%。可以看出，2002 年第三季度后收益率增大了，且包含结构变迁模型（6-16）中得出的平均收益率介于 2002 年第三季度前后的平均收益率。模型（6-14）中外汇占款占上一期外汇储备比例系数同样比较接近 1，符合理论预期。2002 年第三季度之前，欧元在外汇储备中的比例为 8.7%，而 2002 年第三季度之后，欧元比例大增 13.34%，上升至 22.04%，和国际货币基金组织公布的外汇储备币种结构数据非常接近。

我们知道，一种储备货币的比重发生变化是由两个方面引起的：汇率变化和数量变化。下面分析欧元资产比例上升，有多少是由于欧元汇率上升，有多少是由于中国政府在数量上确实增持了欧元。假设断点 2003 年前后两个子区间中，欧元兑美元的汇率分别为 e_0 和 e_1，2003 年后欧元和美元的数量分别是 x_1、y_1，欧元比例为 ρ_1，排除汇率影响仍按照汇率 e_0 计算第二期的欧元资产比例 $\rho_1(e_0)$（称为欧元数量比例），则根据会计恒等式可得：

$$\rho_1(e_0) = \frac{x_1 e_0}{w_1(e_0)} = \frac{x_1 e_1}{w_1} \frac{e_0}{e_1} \frac{w_1}{w_1(e_0)} = \rho_1 \frac{e_0}{e_1} \frac{x_1 e_1 + y_1}{x_1 e_0 + y_1}$$

这样，在知道欧元比例和汇率的情况下，就可以反推出欧元和美元资产数量 x_1、y_1。欧元比例在前后两个子区间中分别为 $\rho_0 = 8.7\%$ 和 $\rho_1 = 22.04\%$，欧元兑美元的算术平均月度汇率分别为 $e_0 = 0.9128$ 和 $e_1 = 1.2764$，所以按照汇率 e_0 计算第二期的欧元资产比例为 16.82%（这样排除了汇率的影响）。这就是说欧元资产比例从 8.7% 上升到 22.04%，13.34 个百分点中，有 5.22 个百分点是汇率变化因素引起的，汇率变化贡献率为 39.43%，其余 60.57% 才是中国货币当局增持欧元资产导致的。

五、假设外汇储备包含三种货币：美元、欧元和日元

前面考虑外汇储备由美元和欧元组成，下面再考虑加入日元的情况，首先建立如下计量模型：

$$\dot{w}_t = \bar{r} + \beta_0 \frac{c_t}{w_{t-1}} + \beta_2 \dot{e}_t^2 + \beta_3 \dot{e}_t^3 + \varepsilon_t \tag{6-19}$$

利用2000年第一季度至2009年第二季度的数据进行回归，得：

$$\dot{w}_t = 0.0210 + 0.7389 \frac{c_t}{w_{t-1}} + 0.1707 \dot{e}_t^2 + 0.1089 \dot{e}_t^3$$
$$(3.0310)^* \ (7.7724)^* \ \ (2.5137)^{**} \ (1.8496)^{***} \tag{6-20}$$

$R^2 = 0.72 \quad \text{Adjusted-}R^2 = 0.70 \quad F = 28.65 \quad D.W. = 1.94$

其中，括号中为 t 统计量，*、** 和 *** 分别表示在1%、5%和10%的水平下显著。

从模型（6-20）的估计结果来看，在2000年第一季度至2009年第二季度这一样本期间，我国外汇储备季度收益率为 $\bar{r} = 0.0210$，折合年利率为8.4%。欧元在外汇储备中的比例为17.07%，日元比例为10.89%。另外，新增外汇占款占上一期外汇储备比例的系数 $\beta_0 = 0.7784$ 也比较接近1，与理论分析的结果保持一致。

我们对模型（6-20）进行结构变化检验，如图6-3和表6-4所示的图6-3（a）CUSUM检验和图6.3（b）CUSUM平方检验表明模型没有发生结构变化，同样我们通过CHOW检验表明，2002年第三季度前后，估计的参数在前后两个时间段相等的假设被拒绝了，也就是模型（6-12）在2002年第三季度发生了结构性变化。在知道结构变化的时间点之后，根据前面的理论模型建立包含美元和欧元资产的结构变迁模型（6-21）：

$$\dot{w}_t = \bar{r} + \bar{r}^s D_{0,t} + \beta_0 \frac{c_t}{w_{t-1}} + \beta_2 \dot{e}_t^2 + \beta_3 \dot{e}_t^3 + \beta_2^s \dot{e}_t^2 D_{2,t} + \beta_3^s \dot{e}_t^3 D_{3,t} \tag{6-21}$$

回归，得：

第六章 我国外汇储备币种结构的估计

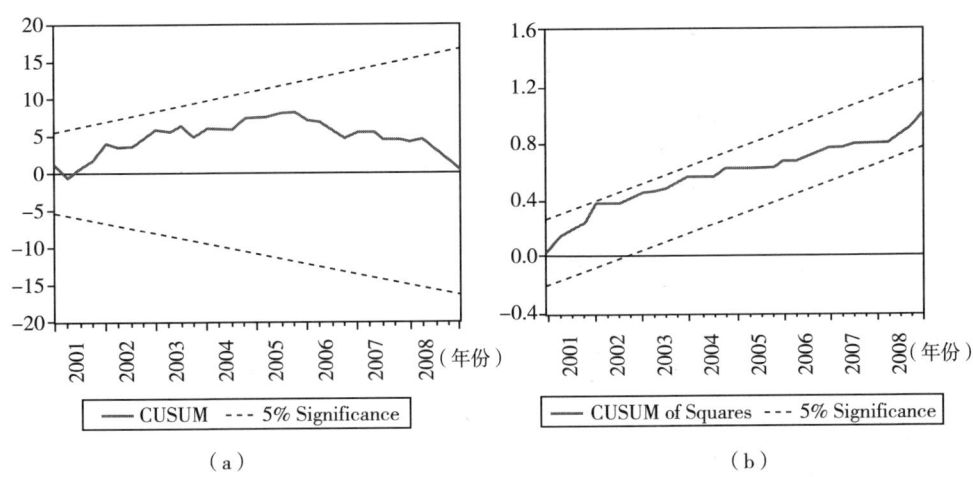

图 6-3 CUSUM 检验及 CUSUM 平方检验

表 6-4 CHOW 检验（结构断点是 2002 年第三季度）

Chow Breakpoint Test: 2002Q3			
F-statistic	2.868777	Probability	0.040648
Log likelihood ratio	12.33548	Probability	0.015023

$$\dot{w}_t = 0.0243 - 0.0046 D_{0,t} + 0.7492 \frac{c_t}{w_{t-1}} + 0.1559 \dot{e}_t^2 + 0.0469 \dot{e}_t^2 D_{2,t} +$$

$$(3.2682)^* \ (-0.5194) \ (6.5388)^* \ (1.4753) \ (0.3458)$$

$$0.2556 \dot{e}_t^3 - 0.1956 \dot{e}_t^3 D_{3,t} \tag{6-22}$$

$$(2.1700)^{**} \ (-1.4244)$$

$R^2 = 0.75$　Adjusted-$R^2 = 0.70$　$F = 14.69$　$D.W. = 2.10$

其中，括号中为 t 统计量，*、** 分别表示在 1%、5% 的水平下显著。

模型（6-22）表明，2002 年第三季度之前，外汇储备的季度平均收益率为 0.0243，折合年利率为 9.72%；2002 年第三季度之后，外汇储备的季度平均收益率减少了 0.0046，下降至 0.0243 - 0.0046 = 0.0197，折合年利率为 7.88%。可以看出，2002 年第三季度后收益率是下降了，同样包含结构变迁模型（6-20）中得出的平均收益率介于 2002 年第三季度前后的平均收益率。

模型（6-22）中外汇占款占上一期外汇储备比例系数同样比较接近1，符合理论预期。2002年第三季度之前，欧元在外汇储备中的比例为15.59%，日元比例为25.56%，而在2002年第三季度之后，欧元比例上升至20.08%，日元却从25.56%下降至6%。2002年第三季度以后的币种结构数据与国际货币基金组织公布的外汇储备币种结构数据非常接近（2008年第四季度币种构成为：欧元为25.89%、日元为2.91%）。

六、假设外汇储备包含四种货币：美元、欧元、日元和英镑

接着，我们还考虑加入英镑的情况，即$N=4$，计量回归模型如下：

$$\dot{w}_t = \bar{r} + \beta_0 \frac{c_t}{w_{t-1}} + \beta_2 \dot{e}_t^2 + \beta_3 \dot{e}_t^3 + \beta_4 \dot{e}_t^4 \quad (6-23)$$

计量结果如下：

$$\dot{w}_t = 0.0222 + 0.7294 \frac{c_t}{w_{t-1}} + 0.1257 \dot{e}_t^2 + 0.1035 \dot{e}_t^3 + 0.0756 \dot{e}_t^4$$

$$(3.1177)^* \quad (7.5753)^* \quad (1.4293) \quad (1.7395)^{***} \quad (0.8103)$$

$$(6-24)$$

$R^2 = 0.73 \quad \text{Adjusted-}R^2 = 0.69 \quad F = 21.43 \quad D.W. = 2.00$

其中，括号中为t统计量，*和***分别表示在1%和10%的水平下显著。

从模型（6-24）的估计结果来看，在2000年第一季度至2009年第二季度这一样本期间，我国外汇储备季度收益率为$\bar{r}=0.0222$，折合年利率为8.88%。欧元在外汇储备中的比例为12.57%，日元比例为10.35%，英镑比例为7.56%。另外，新增外汇占款占上一期外汇储备比例的系数$\beta_0=0.7784$也比较接近1，与理论分析的结果保持一致。

我们对模型（6-24）进行结构变化检验，如图6-4和表6-5所示。图6-4（a）CUSUM检验和图6-4（b）CUSUM平方检验表明模型没有发生结构变化，同样我们通过CHOW检验表明，2002年第三季度前后，估计的参数在前后两个时间段相等的假设被拒绝了，也就是模型（6-12）在2002年第三季度发生了结构性变化。在知道结构变化的时间点之后，根据前面理论模型建立包含美元和欧元资产的结构变迁模型（6-25）：

第六章 我国外汇储备币种结构的估计

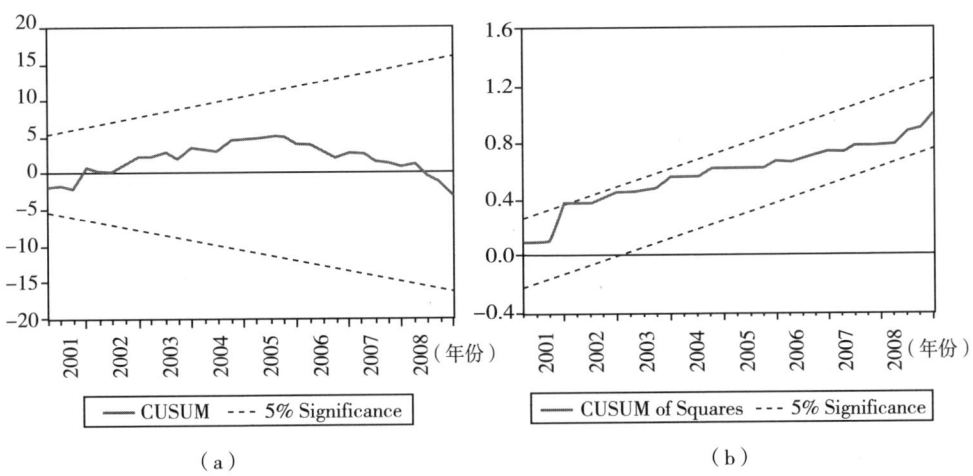

（a）　　　　　　　　　　　　（b）

图 6-4　CUSUM 检验及 CUSUM 平方检验

表 6-5　CHOW 检验（结构断点是 2002 年第三季度）

Chow Breakpoint Test：2002Q3			
F-statistic	2.194186	Probability	0.084414
Log likelihood ratio	12.61641	Probability	0.027251

$$\dot{w}_t = \bar{r} + \bar{r}^s D_{0,t} + \beta_0 \frac{c_t}{w_{t-1}} + \beta_2 \dot{e}_t^2 + \beta_3 \dot{e}_t^3 + \beta_4 \dot{e}_t^4 + \beta_2^s \dot{e}_t^2 D_{2,t} + \beta_3^s \dot{e}_t^3 D_{3,t} + \beta_4^s \dot{e}_t^4 D_{4,t} \tag{6-25}$$

通过回归，得：

$$\dot{w}_t = 0.0301 - 0.0018 D_{0,t} + 0.6430 \frac{c_t}{w_{t-1}} + 0.1471 \dot{e}_t^2 + 0.0452 \dot{e}_t^2 D_{2,t} +$$

$$(4.0412)^* \quad (-0.2170) \quad (5.6426)^* \quad (1.4227) \quad (0.3447)$$

$$0.2187 \dot{e}_t^3 - 0.1854 \dot{e}_t^3 D_{3,t} + 0.2843 \dot{e}_t^4 - 0.1227 \dot{e}_t^4 D_{4,t}$$

$$(1.9307)^{***} \quad (-1.4241) \quad (1.7671)^{***} \quad (-0.7075) \tag{6-26}$$

$R^2 = 0.76$　Adjusted-$R^2 = 0.72$　$F = 12.37$　$D.W. = 2.14$

其中，括号中为 t 统计量，* 和 *** 分别表示在 1% 和 10% 的水平下显著。

模型（6-26）表明，2002 年第三季度之前，外汇储备的季度平均收益率为 0.0301，折合年利率为 12.04%；2002 年第三季度之后，外汇储备的季度平均收益率减少了 0.0018，下降至 0.0301 - 0.0018 = 0.0293，折合年利率为 10.82%。可以看出，2002 年第三季度后收益率下降了，同样没有包含结构变迁模型（6-24）中得出的平均收益率介于 2002 年第三季度前后的平均收益率。2002 年第三季度之前，欧元在外汇储备中的比例为 14.71%，日元比例为 21.87%，英镑比例为 28.43%；而在 2002 年第三季度之后，欧元比例上升至 19.23%，日元却从 21.87% 下降至 3.33%，英镑比例从 28.43% 下降至 16.16%。2002 年第三季度以后的币种结构数据与国际货币基金组织公布的外汇储备币种结构数据非常接近（2008 年第四季度币种构成为：欧元为 25.89%、日元为 2.91%、英镑比例为 4.02%）。模型（6-26）中外汇占款占上一期外汇储备比例系数同样比较接近 1，符合理论预期。

第五节　本章小结

本书在借鉴盛柳刚、赵洪岩（2007）[36]的模型与方法的基础之上，进行了一定拓展，并利用 2000~2009 年的季度数据，在外汇储备包含储备货币数量不同的四种假设下，分别估计了我国外汇储备币种结构及收益率。借鉴 CUSUM 检验和 CHOW 检验判断模型结构断点，分两个子样本再次估计，并比较了在两个子样本中外汇储备币种结构及收益率的变化情况。在四种情况中，欧元比例是上升的，美元、英镑和日元比例是下降的，但美元仍然占主导地位。导致这些货币结构的变化，不仅有货币数量的变化，也有货币汇率的变动引起的变化。例如，假设外汇储备只包含美元和欧元两种货币时，在欧元比例增加中，汇率变化贡献了总变化的 39.43%，其余 60.57% 是我国货币当局增持欧元资产导致的。

第七章 我国外汇储备最优币种结构配置模型及实证研究（上）

第六章对我国外汇储备币种结构进行了估计，回答了"是什么"的问题，这一节来探讨一下外汇储备最优币种结构，也就是回答"应该是什么"的问题。

研究外汇储备的最优币种组合包括两方面的内容：其一是储备货币的选择；其二是各币种在外汇储备中所占比重的确定。西方理论界对于储备币种组合有三种比较著名的理论模型，即资产选择模型、海勒—奈特模型和杜利模型。这三个模型都分别从不同角度对外汇储备的币种结构选择进行了分析，其中资产组合理论强调资产收益与风险在安排外汇储备币种结构中的作用；海勒—奈特模型强调贸易收支在决定外汇储备币种结构中的作用；杜利模型在海勒—奈特模型的基础上，将影响外汇储备币种结构的因素扩大为贸易流量、外债支付及汇率安排三个因素。比较这三个模型可以发现，它们都只是从某一个或几个方面考察这些因素对外汇储备币种分配的影响，是不全面的和不完整的。目前，还没有一种更加完善和有效的技术来管理外汇储备币种分配。

同时，如 Ramaswamy（1999）[19]所述，由于储备资产和央行地位的特殊性，直接运用传统的资产组合理论分析外汇储备币种结构会存在许多问题。均值方差分析要求选择一种计价货币，并在既定的计价货币下得到风险和收益的替代关系，然而如何选择计价货币本身就存在着争议。最优币种组合的选择有赖于对投资者的风险偏好的假设，但是很难对央行定义一个恰当的风险厌恶水平。而且，最优组合对于组合内各资产的预期收益极其敏感，这对于外汇储备管理来说也存在问题：一方面，央行很难估计组合内各种货币的预期收益；另一方面，央行会出于投资标准一致性的考虑希望持有一个稳定的币种组合。模糊决策理论则可以很好地克服传统的资产组合理论在分析外汇储备币种结构问题上的不足。借鉴满意度（Degree of Satisfaction）的概念，只需对央行的币种结构选择进行软约束，不需要对计价货币以及央行的风险厌恶度做出明确的假设，而假设央行仅关注最差的可能事后收益（Expost Returns），而最终的币种结构则由央行基于不同计价货币下事后收益的满意度决定。

基于上述原因，本书沿用 Ramaswamy（1999）[19]提出的方法，借鉴模糊决策理论的满意度概念，对以各种计价货币的收益和各种储备货币比重设定了隶属函数，建立了外汇储备币种结构选择的一般最优化模型。从实证上，选择美元、欧元、日元、英镑四种储备货币和美元、欧元、人民币三种计价货币。首先，假定各种收益率隶属函数都相同和各种储备货币隶属函数也都相同，模拟计算在不同汇率路径假设下的中国外汇储备币种结构；其次，假定收益率隶属函数参数都相同的情况下，根据杨胜刚、谭卓（2007）[40]的研究以及 2006 年国际货币基金组织的发展中国家储备币种结构所估计储备隶属函数参数；再次，模拟了在不同汇率路径假设下的中国外汇储备币种结构；最后，分析了收益率隶属函数参数和利率对中国外汇储备币种结构的影响。

第一节　最优币种结构配置模型建立

由于假设央行选择币种结构的目标为最小化最差的可能事后收益，为了基于基本的资产分布模拟得到以计价货币表示的储备资产的事后收益，首先需要对汇率的行为模式进行假设。Ramaswamy（1999）假设利率平价成立。由于中国的资本账户尚未完全开放，购买力平价假设对于中国来说更加贴近现实，一些实证研究 [鄂永健、丁剑平（2006）[80]；邱冬阳（2006）[81]；等等] 也支持这一假设。同时，假设央行持有 N 种储备货币、M 种计价货币（Currency Numeraire）。各种储备货币的年利率和通货膨胀率分别用 r_n、π_n 表示，$n \in N$，各种计价货币的年利率和通货膨胀率分别用 r_m、π_m 表示，$m \in M$。第 n 种储备

第七章 我国外汇储备最优币种结构配置模型及实证研究（上）

货币（简称储备货币 n）相对第 m 种计价货币（简称计价货币 m）的 t 时期汇率用 $S_n^m(t)$ 表示，即 S 单位计价货币 m 等于一单位储备货币 n。在购买力平价假设下，我们可以把汇率变动率（$[S_n^m(t+1) - S_n^m(t)]/S_n^m(t)$）看作具有均值为 $(\pi_m - \pi_n)$、方差为 σ_n^m 的正态分布随机变量，其表达式如下：

$$dS_n^m(t) = S_n^m(t)[\pi_m - \pi_n]dt + \sigma_n^m S_n^m(t) dw_n(t) \tag{7-1}$$

其中，$w_n(t)$ 表示维纳过程。当 $w_n(t)$，$n \in N$ 相关时，式（7-1）应变为：

$$dS_n^m(t) = S_n^m(t)[\pi_m - \pi_n]dt + \sigma_n^m S_n^m(t) \sum_{n=1}^{N} a_{nm} dw_n(t) \tag{7-2}$$

其中，a_{nm} 表示储备货币 n 相对计价货币 m 的汇率变动率的相关系数矩阵的 Cholesky 分解①。我们利用计算机模拟技术（如本书实证研究用到的蒙特卡罗方法），就可以模拟得到一些汇率路径样本，用 $S_{n,k}^m(T)$ 表示储备货币 n 相对于计价货币 m 在 T 时期的第 k 个汇率样本，$k \in 1, \cdots, K$。这样，储备货币 n 相对于计价货币 m 的事后收益率可以表示为：

$$R_{n,k}^m(T) = \left[\frac{(1+r_n)^T S_{n,k}^m(T)}{S_n^m(0)}\right] - 1, \quad n \in N; m \in M; k \in K \tag{7-3}$$

其中，$S_n^m(0)$ 表示初期储备货币 n 相对计价货币 m 的汇率，T 的单位为年，对应的 $R_{n,k}^m(T)$ 为年收益。当然，储备货币也可能是计价货币，这种情况下的事后收益率表达式为：

$$R_{n,k}^m(T) = R_{n,k}^n(T) = (1+r_n)^T - 1 \tag{7-4}$$

进一步地，我们用 x_n 表示储备货币 n 占总储备的比重，$n \in N$，这时以货币 m 作为计价货币时的第 k 个样本的总事后收益为：

$$\overline{R}_k^m(\vec{x}) = \sum_{n=1}^{N} x_n R_{n,k}^m \quad m \in M \tag{7-5}$$

其中，向量 $\vec{x} = \{x_1, x_2, \cdots, x_N\}$。根据 Ramaswamy（1999）的研究，本书仍然假设央行希望保证其储备资产的总事后收益高于某个最低值。此处，借鉴模糊决策理论的满意度概念，假设事后收益的可能最大值和最小值分别为 $p_{\max}^m$ 和 $p_{\min}^m$，设定总事后收益 $\overline{R}_k^m(\vec{x})$ 的隶属函数（Membership Function）为如下

---

① Cholesky 分解简介：当矩阵 A 正定且对称时，它能分解为以下形式：$A = R^T R$。其中 R 为上三角矩阵，R^T 为 R 的转置，是下三角矩阵，这种分解称为 Cholesky 分解。

形式：

$$\mu_k^m(\overline{R}_k^m(\vec{x})) = \begin{cases} 0 & \overline{R}_k^m(\vec{x}) \leqslant p_{\min}^m \\ \dfrac{\overline{R}_k^m(\vec{x}) - p_{\min}^m}{p_{\max}^m - p_{\min}^m} & p_{\min}^m \leqslant \overline{R}_k^m(\vec{x}) \leqslant p_{\max}^m \\ 1 & \overline{R}_k^m(\vec{x}) > p_{\max}^m \end{cases} \quad (7-6)$$

式 (7-6) 的图示如图 7-1 所示。

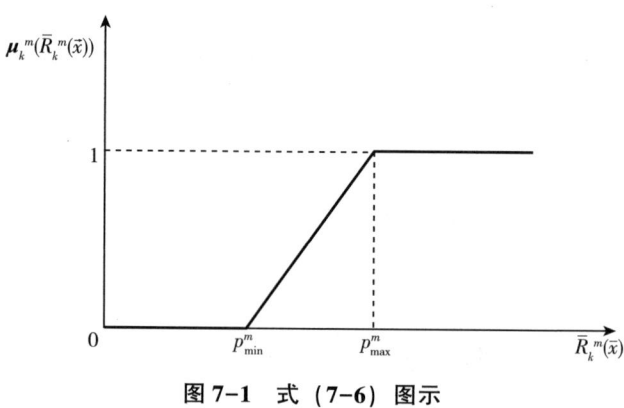

图 7-1　式 (7-6) 图示

即假设央行存在着一个最小的收益目标，只有当收益大于该收益目标时，央行的满意度才开始线性增长至 1。相应地，对储备货币 n 的比重设定隶属函数如下：

$$\mu_n(\vec{x}) = \begin{cases} 0 & x_n \leqslant x_{\max}^{n,c_1} \\ \dfrac{x_n - x_{\min}^{n,c_1}}{x_{\max}^{n,c_1} - x_{\min}^{n,c_1}} & x_{\min}^{n,c_1} \leqslant x_n \leqslant x_{\max}^{n,c_1} \\ 1 & x_{\max}^{n,c_1} < x_n \leqslant x_{\min}^{n,c_2} \\ \dfrac{x_n - x_{\max}^{n,c_2}}{x_{\min}^{n,c_2} - x_{\max}^{n,c_2}} & x_{\min}^{n,c_2} \leqslant x_n \leqslant x_{\max}^{n,c_2} \\ 0 & x_n > x_{\max}^{n,c_2} \end{cases} \quad (7-7)$$

式 (7-7) 的图示如图 7-2 所示。

第七章 我国外汇储备最优币种结构配置模型及实证研究（上）

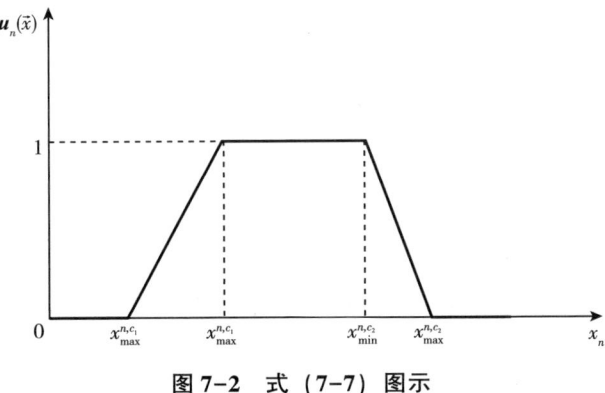

图 7-2 式 (7-7) 图示

即假设央行的满意度首先随着一种货币的比重上升而线性增加至 1，随后，随着该货币比重进一步增加，满意度逐渐下降为 0。

央行在上述约束条件下最大化满意度最低的隶属函数，即可表示如下的多目标函数最优化问题：

$$\underset{\vec{x}}{\text{maximise}} \min \{\mu_k^m(\overline{R}_k^m(\vec{x})), \mu_n(\vec{x})\}, n \in N, m \in M, k \in K \quad (7\text{-}8)$$

$$s.t. \sum_{n=1}^{N} x_n = 1, x_n \geq 0, n \in N$$

约束条件 $x_n \geq 0$，$n \in N$ 保证了储备货币均不允许被卖空。为简化起见，引进一辅助变量 λ，上述优化问题即可简化为：

$$\underset{\vec{x}}{\text{maximise}} \lambda$$

$$s.t. \ \mu_k^m(\overline{R}_k^m(\vec{x})) \geq \lambda, \mu_n(\vec{x}) \geq \lambda, n \in N, m \in M, k \in K \quad (7\text{-}9)$$

$$\sum_{n=1}^{N} x_n = 1, x_n \geq 0, n \in N$$

这样，式（7-8）中的多目标最优化问题就变为了单目标最优化问题。值得说明的是，假设利率平价理论成立，将式（7-1）和式（7-2）中的 π_n、π_m 分别换为 r_n、r_m 即可；而假设汇率固定时，令式（7-1）和式（7-2）中的 $r_i = 0$，$i \in N \cup M$ 和 $\sigma_n = 0$，$n \in N$。

第二节 实证研究

一、我国外汇储备的货币与基准货币选择

第一,储备的货币选择:我们依然选择美元、欧元、日元和英镑作为中国的储备货币。

第二,基准货币的选择。外汇储备是一种金融资产,但是对于外汇储备币种多元化,如何来衡量外汇储备价值?是选一种货币还是一篮子货币来衡量储备价值?应选择哪些货币作为计价货币?这些问题很难有明确的答案。目前,我国外汇储备以美元为主,近年来美元对各种关键货币大幅贬值,在这种情况下如果用美元来衡量储备账面价值则会有较大幅度的增大;但以其他强势货币(如人民币)来衡量,我国的外汇储备则会有较大幅度缩水。虽然这是会计转换发生的汇兑损益,不是现实的损失,但如果现实经济中由于突发事故造成流动性危机,需要动用其中一种货币支付另一种货币款项时,则上述风险就会成为实实在在的损失。因此本文旨在求解外汇储备币种结构的最佳组合,使以不同币种计价时,储备价值满意度都大于某一最小值。这也意味着计价货币不是一种,而是多种。本书选择的三种计价货币为美元、欧元和人民币。

二、准随机数

从式(7-9)可以看出,模拟的样本数越多,约束条件就随之越多。为了减少约束条件数目而又生成合理的收益分布,本书使用准随机序列(Sobol 序列)[参考 Press 等(1992)[82]]。准随机序列生成的 n 元序列比不相关伪随机数(在 matlab 里的生成函数为 rand)更均匀地充满 n 维空间(见图 7-3)。图 7-3 中的四个小图分别表示 100 个、1000 个点的二维 Soble 序列和不相关伪随

第七章 我国外汇储备最优币种结构配置模型及实证研究（上）

机数，很明显，Soble 序列要比不相关伪随机数均匀些。前者的收敛速度是后者速度的平方，也就是说 Sobol 序列进行几百次取样达到某一精度，而不相关随机点（伪随机数）则需要上万次才能达到。本书运用四维 Sobol 序列来分别生成基于购买力平价和利率平价理论所对应的汇率路径。然后，利用这些汇率数据来计算各种收益率。考虑到最优化问题的约束条件数目不应太大，且尽量达到较高精度，本书模拟 100 条汇率路径，即样本数目为 $k=100$。

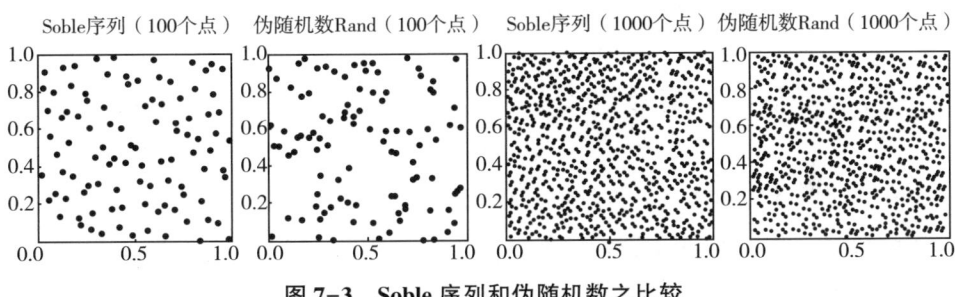

图 7-3　Soble 序列和伪随机数之比较

三、协方差矩阵与相关系数矩阵估计

为了得到以不同计价货币计价的随机收益向量，首先需要估计各种货币收益的协方差。由于数据的可得性程度不同，在计算以美元和欧元（欧元的数据用德国马克数据来代替）为计价货币时的协方差和相关系数矩阵的数据为 1999~2006 年的月度汇率数据；而以人民币为计价货币时的数据，由于 1999~2002 年的欧元汇率数据不可得，所以使用 2003~2006 年的月度汇率数据。其中以某种货币为计价货币时的汇率是指其他货币相对这种计价货币的汇率，如 2006 年 1 月 3 日以美元为计价货币的欧元、日元、英镑的汇率分别是 1.198、0.0086、1.7404；以人民币为计价货币的美元、欧元、日元、英镑的汇率分别是 8.0702、9.7091、0.069535、14.8833。为简单起见，下面仅列出估计得到的协方差矩阵数据（见表 7-1）。

中国外汇储备币种结构估计、优化及调整

表7-1 分别以美元、欧元和人民币为计价货币时协方差矩阵

	以美元为计价货币时×10⁻³			以欧元为计价货币时×10⁻³			以人民币为计价货币时×10⁻³			
	欧元	日元	英镑	美元	日元	英镑	美元	欧元	日元	英镑
美元	—	—	—	0.5377	0.3164	0.1925	0.0124	0.0123	0.0271	0.0249
欧元	0.8074	0.4510	0.5071	—	—	—	0.0123	0.5065	0.2267	0.3476
日元	0.4510	0.7522	0.3561	0.3164	0.5862	0.1482	0.0271	0.2267	0.4518	0.2347
英镑	0.5071	0.3561	0.5117	0.1925	0.1482	0.1935	0.0249	0.3476	0.2347	0.3983

四、参数估计及模拟结果分析

在式（7-5）和式（7-6）中，理论上对各种收益率和储备货币设定一个隶属函数，这些隶属函数在实际当中一般是不同的。例如，中国的外汇储备的大部分是美元，其他货币份额相对较少，那么美元收益率应当更受关注，相应地，其隶属函数也应该不同。但在实际中，满意度是一种心理状态，具有主观性，如何来设置这些隶属函数参数是模糊决策理论应用的难点之一。由于隶属函数参数的设定对最后估计得到的币种结构有极其重要的影响，本书分四种情况来进行讨论。

（一）各种收益率和货币比重隶属函数分别相同时的币种结构

我们假设各种收益率隶属函数都相同和各种储备货币比重隶属函数也相同的情况下，分别在固定汇率、利率平价理论和购买力平价理论三种汇率路径假设下来模拟计算2007年的中国外汇储备币种结构，具体参数设置和币种结构数据见表7-2。从表7-2中可以看出，固定汇率假设下，四种储备货币的比重都十分相似；在利率平价理论假设下，以日元偏多，其他币种比重相对较少；而在购买力平价理论假设下，英镑的比重达到0.5382，相反，美元的比重却非常小（仅为0.0036）。美元的比重太小是不符合中国实际的，这说明了央行不可能对每种储备都有同样的隶属函数。本书将模拟多种储备货币隶属函数参数及所对应的外汇储备币种结构。

第七章 我国外汇储备最优币种结构配置模型及实证研究（上）

表 7-2 各种收益率和货币比重的隶属函数分别相同时的币种结构

	根据均等的币种结构所估计的参数						各种汇率路径假设下的 2007 年币种结构		
	$P_{\min}$	$P_{\max}$	$x^{c1}_{\min}$	$x^{c1}_{\max}$	$x^{c2}_{\min}$	$x^{c2}_{\max}$	固定汇率	利率平价	购买力平价
美元	-0.2	0.2	0	0.33	0.69	1	0.2703	0.1955	0.0036
欧元	-0.2	0.2	0	0.33	0.69	1	0.2558	0.2241	0.2219
日元	—	—	0	0.33	0.69	1	0.2171	0.3918	0.2363
英镑	—	—	0	0.33	0.69	1	0.2567	0.1886	0.5382
人民币	-0.2	0.2	—	—	—	—	—	—	—

（二）收益率隶属函数相同时货币隶属函数参数与对应的币种结构

因为具体的隶属函数参数不容易直接设定，所以本书考虑利用 2006 年的币种结构数据来模拟。但由于我国币种结构的确切数据不可得，所以本书借鉴了一些中间结果。杨胜刚、谭卓（2007）通过层次分析法对我国外汇储备币种结构进行研究，得出四种储备货币的合理比重为：美元∶欧元∶日元∶英镑＝44.46∶30.55∶14.79∶10.2。另外，2006 年国际货币基金组织年报中发展中国家的外汇储备币种结构为：美元∶欧元∶日元∶英镑＝61.6090∶29.3279∶3.8697∶5.1935。我们根据以上两种币种结构，在假定对各种收益率隶属函数相同的情况下估计储备货币的隶属函数参数（具体参数见表 7-3、表 7-4），然后再利用 2007 年的利率数据和估计出来的协方差矩阵和相关系数矩阵数据，在基于不同参数和不同汇率路径假设下来模拟计算 2007 年中国外汇储备币种结构（见表 7-3、表 7-4）。

从表 7-3 可以看出，基于各种汇率路径假设下的欧元比重相对比较稳定而且占比较大，美元在固定汇率和购买力平价假设下的比重分别达到了 0.4251 和 0.3743，而在利率平价假设下却只有 0.1623。另外，在固定汇率和购买力平价理论假设下，日元和英镑的比重都要比在利率平价理论假设下的比重低。在表 7-4 中，各种汇率路径假设下，美元的比重总是占主要部分，最高达到了 0.7295，最小也有 0.5108。欧元的比重相对美元比重要小一些，它在固定汇率、利率平价理论和购买力平价理论假设下的比重分别是0.3219、0.2507和0.1765。日元的比重次之,而英镑的比重最小,在利率平价理论假设下达到最低值,比重为0.0002。

表7-3 根据层次分析法所得的参数和对应的币种结构

	根据层次分析法得出的币种结构所估计的参数						各种汇率路径假设下的2007年币种结构		
	P_{min}	P_{max}	$x^{c_1}_{min}$	$x^{c_1}_{max}$	$x^{c_2}_{min}$	$x^{c_2}_{max}$	固定汇率	利率平价	购买力平价
美元	-0.2	0.2	0.07	0.16	0.26	0.45	0.4251	0.1623	0.3743
欧元	-0.2	0.2	0.04	0.16	0.32	0.45	0.3630	0.2470	0.3679
日元	—	—	—	—	0.12	0.32	0.0634	0.2129	0.1443
英镑	—	—	—	—	0.25	0.55	0.1485	0.3778	0.1135
人民币	-0.2	0.2	—	—	—	—	—	—	—

表7-4 根据发展中国家币种结构估计的参数和我国储备币种结构

	根据发展中国家的币种结构所估计的参数						各种汇率路径假设下的2007年币种结构		
	P_{min}	P_{max}	$x^{c_1}_{min}$	$x^{c_1}_{max}$	$x^{c_2}_{min}$	$x^{c_2}_{max}$	固定汇率	利率平价	购买力平价
美元	-0.2	0.2	0.25	0.67	0.76	0.98	0.5108	0.7295	0.7274
欧元	-0.2	0.2	0.01	0.19	0.35	0.48	0.3219	0.2507	0.1765
日元	—	—	—	—	0.12	0.32	0.1622	0.0197	0.0204
英镑	—	—	—	—	0.25	0.55	0.0051	0.0002	0.0758
人民币	-0.2	0.2	—	—	—	—	—	—	—

(三) 货币隶属函数参数相同时收益率隶属函数参数对币种结构的影响

为了更清楚地分析隶属函数参数对币种结构的影响,不考虑汇率对币种结构产生影响,所以我们假定汇率为固定汇率。图7-4至图7-6都是基于表7-2的参数来分析收益率隶属函数参数对币种结构的影响[值得说明的是,在基于其他参数(如表7-3和表7-4的参数)得出的结果略有不同,包括后面分

第七章 我国外汇储备最优币种结构配置模型及实证研究（上）

析利率对储备币种结构的影响也是一样，由于篇幅所限，在此不加阐述]。为简单起见，做出另外一个假设 $p_{max}=-p_{min}$，$p_{min}\leq 0$。从图 7-4 中可以看出，以美元为计价货币时收益率隶属函数参数 p_{min} [简记为 p-min（美元）] 逐渐增大时，也就是说当以美元为计价货币时，最小可能收益率增大和最大收益率同幅度减小时，美元、欧元和英镑的比重逐渐增大，而日元比重逐渐减小。相应地，图 7-5 是以欧元为计价货币时收益率隶属函数参数 p_{min} [简记为 p-min（欧元）] 对四种储备货币比重的影响和图 7-4 一样；图 7-6 是以人民币为计价货币时收益率隶属函数参数 p_{min} [简记为 p-min（人民币）] 逐渐增大时，美元、欧元的比重呈上升趋势，而英镑和日元的比重下降。总体上来看，不管以哪种货币作为计价货币时的收益率隶属函数参数 p_{min} 逐渐增大时，美元和欧元的比重都上升，而日元的比重始终下降，英镑的变化因不同计价货币参数 p_{min} 的变化而变化。在分别以美元和欧元为计价货币时，英镑的比重随 p_{min} 增大而减小；当以人民币为计价货币时，英镑的比重随 p_{min} 减小而增大。

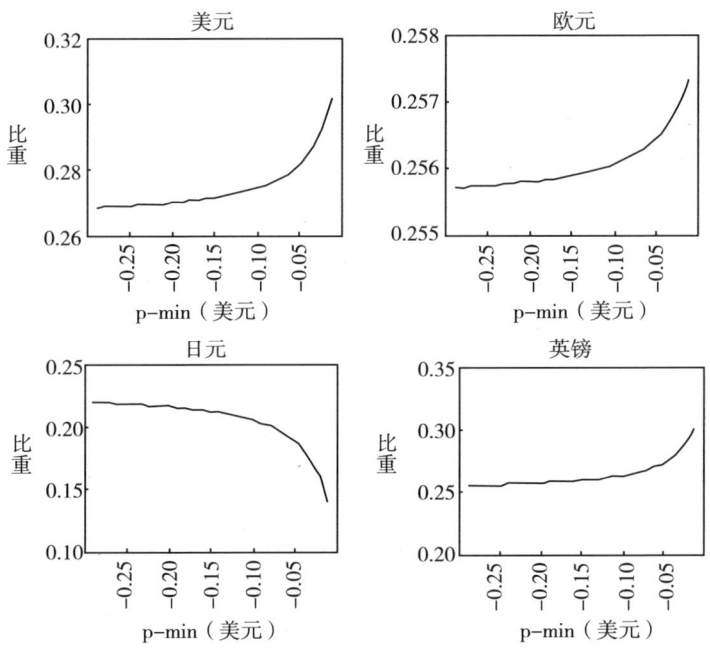

图 7-4　美元计价时收益率隶属函数参数对各种储备货币的影响

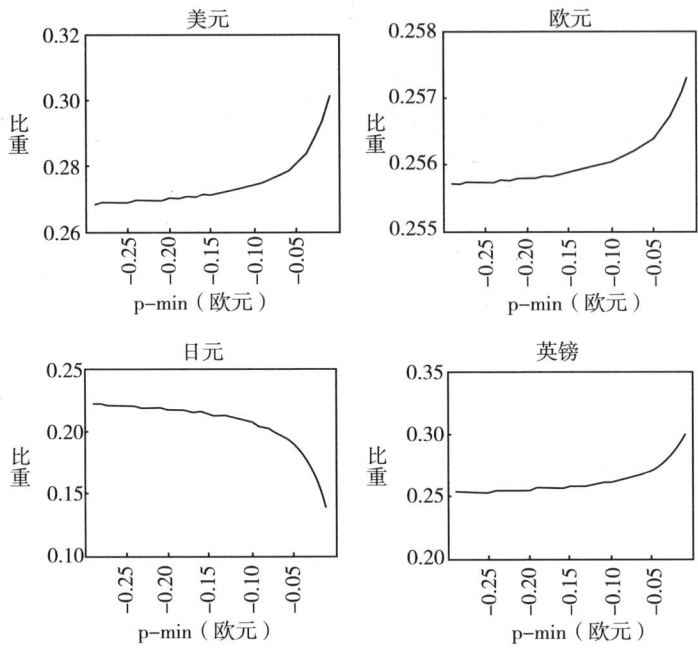

图7-5 欧元计价时收益率隶属函数参数对各种储备货币的影响

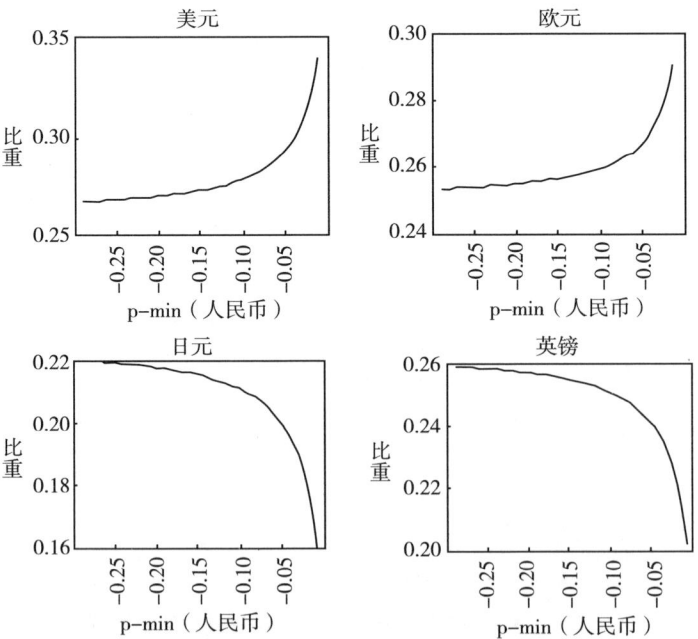

图7-6 人民币计价时收益率隶属函数参数对各种储备货币的影响

(四) 货币隶属函数参数相同时利率对币种结构的影响

同样地，与分析收益率隶属函数参数对币种结构的影响情况一样，为了去除汇率对币种结构产生的影响，同样假定汇率为固定汇率，也是基于表7-2的参数来分析利率对储备币种结构的影响。从图7-7可以看出，当美元利率逐渐提高时，美元的比重增大，其他三种货币的比重下降；当分别提高欧元利率和英镑利率时（如图7-8和图7-10），货币比重变化情况和图7-7一样，即相应地增大本货币的比重，减少除本币之外的其他三种货币比重。这也是社会现实经济中的常见现象：哪种资产的利率高，我们应该多投资于哪种资产，这样会给投资者带来更多的收益；与前三种情况不一样的是，当提高日元利率时，不仅日元的比重增大，还有英镑的比重也增大，美元和欧元的比重减小（见图7-9）。这种情况反映了央行不是以利益最大化为最终目标，而是在考虑安全性和流动性基础上兼顾收益性。其实，前面四种情况都反映了这种特点，假如央行以利益最大化为目标时，当分别提高美元、欧元和英镑利率时，它们所对应的比重增幅更大，相应除此之外的货币比重减少的幅度也更大；类

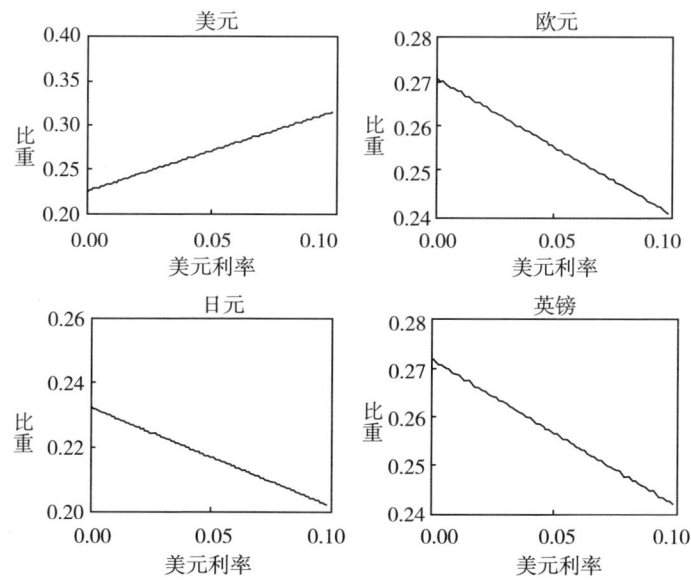

图7-7 美元利率对各种储备货币比重的影响

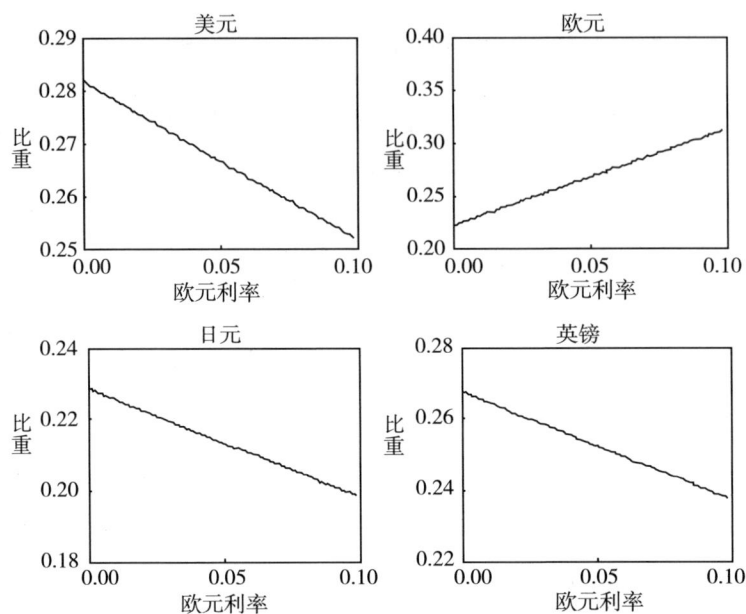

图 7-8 欧元利率对各种储备货币比重的影响

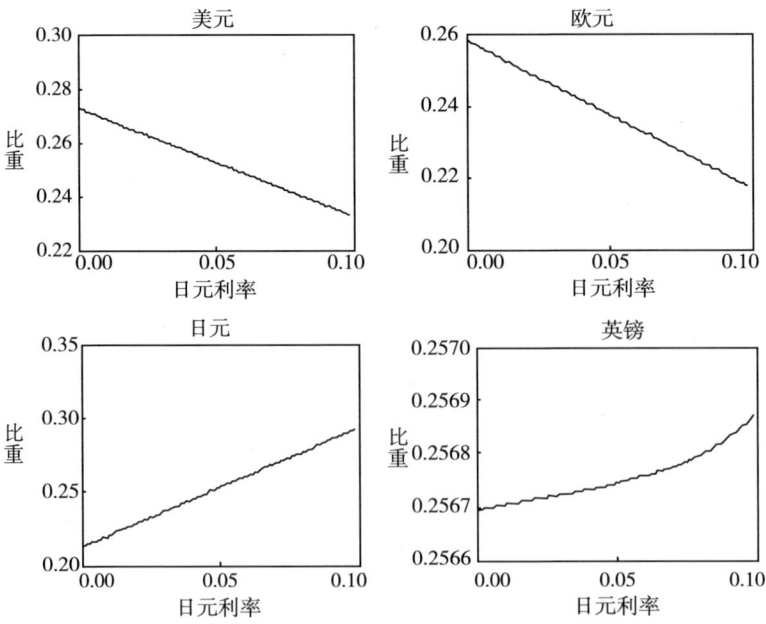

图 7-9 日元利率对各种储备货币比重的影响

第七章 我国外汇储备最优币种结构配置模型及实证研究（上）

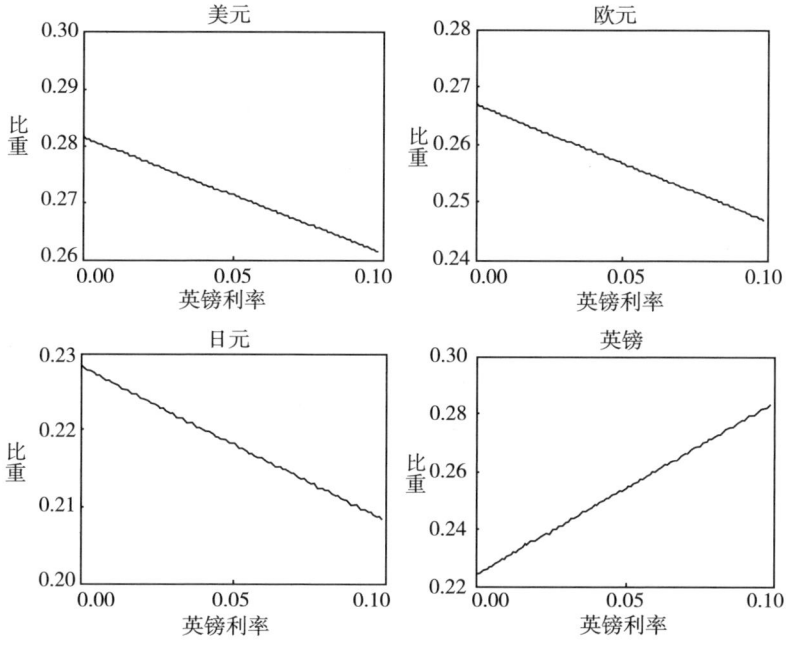

图 7-10 英镑利率对各种储备货币比重的影响

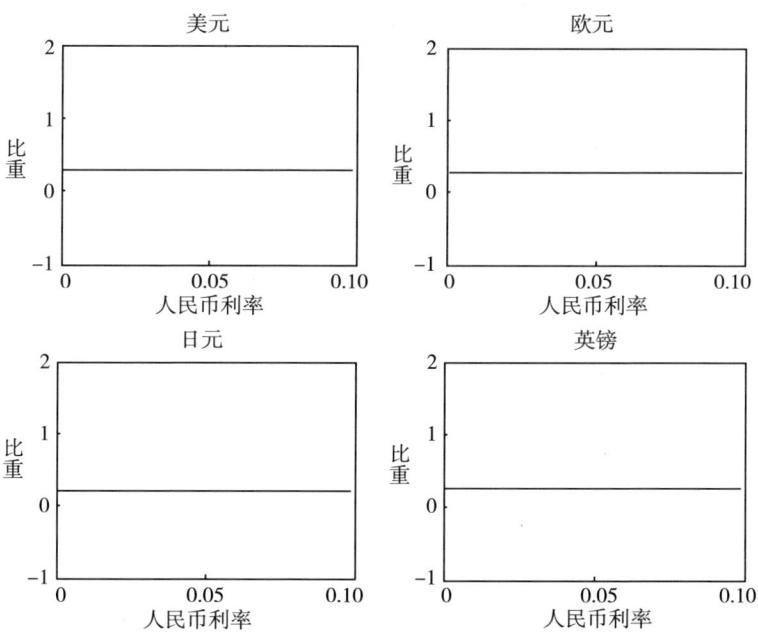

图 7-11 人民币利率对各种储备货币比重的影响

中国外汇储备币种结构估计、优化及调整

似地,在这种情况下提高日元的利率时,日元的增幅也会更大,而此时英镑的比重不仅不会增大,反而会减小,另外美元和欧元降幅也会随之增大。

图 7-11 反映的是人民币利率对各储备货币比重的影响,很明显,无论是提高还是调低人民币利率对四种储备货币的比重没有任何影响。这也是很容易理解的,因为人民币只作为计价货币,它并不作为一种投资币种,所以人民币利率对外汇储备币种结构没有直接影响也是很正常的。

第三节 本章小结

本书在 Ramaswamy(1999)基础之上,借鉴模糊数学满意度概念,建立了外汇储备币种结构选择的一般最优化模型。由于收益率和储备货币的满意度在实际中具有很大的主观性,很难对之准确量化,只能根据不同的情况来对隶属函数参数进行估计,再根据估计出来的参数在不同汇率路径假设下模拟计算外汇储备币种结构,并通过分析收益率隶属函数参数和利率对储备币种结构的影响发现:当 p-min(美元)或 p-min(欧元)逐渐增大时,都将减少日元的比重,而增大美元、欧元和英镑的比重;当 p-min(人民币)逐渐增大时,减少英镑和日元的比重,而美元和欧元的比重上升。另外,当分别提高美元利率、欧元利率和英镑利率时,储备货币比重的变化是:分别提高本货币的比重而降低除本货币之外的其他三种货币的比重。与前面不同的是,当提高日元的利率时,不仅增大日元的比重,还增大英镑的比重,而美元和欧元的比重下降。最后,提高人民币利率对储备货币的比重没有任何影响。

第八章 我国外汇储备最优币种结构配置模型及实证研究（下）

国家外汇管理局编写的《外汇管理概览》指出，2001年起，为适应外汇储备规模快速增长和进一步规范化、专业化经营的需要，外汇储备建立了以投资基准为核心的管理模式。投资基准确定了货币、资产、期限和产品分布的结构和比例，是投资管理过程中衡量某项资产或投资组合构成和收益的重要参照指标。按照既定的投资基准进行操作，可以有效地进行投资决策和管理投资风险，还有利于客观评估经营业绩。在按照投资基准经营的同时，允许经营人员对基准进行适度偏离，可以发挥经营人员的主观能动性，积极捕捉市场机会，在既定风险之下，创造超出基准的收益。这一模式既借鉴了国际经验，也具有自身特色[57]。

此外，从近几年来我国外汇储备经营管理的实践来看，我国的外汇储备管理已经与国际基金管理业接轨，按专业化和国际化的国际基金管理模式运作，在资产管理上采用国际通行的以投资基准为核心的经营管理模式。

针对以上问题，本书首次运用基于投资基准和多风险机制投资组合模型对我国外汇储备币种结构问题进行研究。此模型考虑的因素有两点：第一，考虑到国家外汇储备管理须遵循安全性、流动性与营利性三原则，且国家外汇储备风险主要来自市场风险和流动性风险，所以我们设立两个投资基准：即市场组合基准和流动性组合基准；第二，考虑到当今国际金融市场风云突变，国际金融市场的不稳定程度也在加强，我们把市场环境分成三个档次：稳定、一般和危机。在考虑以上两个因素之后，在 Bernd Scherer（2003）[21]模型的基础之上，建立包括以上因素的投资组合模型，并选定了美元、日元、欧元和英镑四种储备货币与计价货币特别提款权（SDR），实证研究了在不同投资基准、不同风险制度和不同风险厌恶度情况下我国外汇储备币种结构，并给出了在不同风险制度转换过程中所对应的我国外汇储备各币种所占比重的调整方向。

第一节 多基准多风险制度模型的建立

假设央行持有 N 种储备货币，以货币 A ［如本书实证部分中 A 等于特别提款权（SDR）］作为计价货币（Currency Numeraire）。储备货币 n 在时期 $m \in 1, \cdots, M$ 的收益率为 R_m^n，均值为 $\mu^n = E(R_m^n)$，用 $R_m = (R_m^1, R_m^2, \cdots, R_m^N)$ 表示 N 种储备货币在时期 m 的收益向量，$\mu = (\mu^1, \mu^2, \cdots, \mu^N)$ 为均值向量。

近几十年来，国际金融市场得到了迅猛发展，同时也带来了市场波动性的加剧和市场风险的复杂化，总体平均风险制度已经不适合用来衡量未来的风险程度。例如，在稳定的经济发展环境下和发生金融危机时风险程度存在很大的区别。所以我们把市场风险分成三个档次：稳定、一般和危机。它们对应的风险制度具体量化计算如下：

$$Y_m = (R_m - \mu)^T \Omega^{-1} (R_m - \mu), \ m \in (1, 2, \cdots, M) \quad (8-1)$$

其中，Ω 表示各种储备货币所有时期收益的协方差。可知，当各种储备货币收益率服从正态分布时，Y_m 是服从自由度为 N 的 χ^2 分布。首先，确定 χ^2 分布的分位点，即 $\chi^2_\alpha(N)$。当 $Y_m \leq \chi^2_\alpha(N)$ 时，称 R_m 为内点；当 $Y_m > \chi^2_\alpha(N)$ 时，称 R_m 为外点。所有内点的协方差矩阵记为 $\Omega_{稳定}$，即稳定的市场风险制度；所有外点的协方差矩阵记为 $\Omega_{危机}$，即易发生危机的市场风险制度；一般市场风险制度用 $\Omega_{一般} = p\Omega_{危机} + (1-p)\Omega_{稳定}$ 表示。为简单起见，用一集合 $\{\Omega_s, s \in S = (稳定、一般、危机)\}$ 来表示这三种市场风险制度。值得说明的是，当储备货币收益率不服从正态分布时，我们的做法是先把 Y_m 从小到大排列，取前面的 $100(1-\alpha)\%$ 作为内点，取后面的 $100\alpha\%$ 作为外点[83]。

接下来，我们再假设有 B 种投资基准 w_b，$b \in (1, 2, \cdots, B)$，则最优币种结构问题就可以写成如下最优化问题：

$$\max_{w \geqslant 0}((1-\lambda)w^T\mu - \lambda \max_{s,b}[(w-w_b)^T\Omega_s(w-w_b)]) \quad (8-2)$$
$$w^T I = 1, w \geqslant 0, w_b \geqslant 0, s \in S, b \in B$$

其中，参数 λ 在 [0, 1] 中取值，它被称为风险厌恶度。λ 取值越大，投资者风险回避意识越强。式（8-2）换成另一种形式为：

$$\max_{w,\sigma_{\max}^2}((1-\lambda)\bar{\mu} - \lambda\sigma_{\max}^2)$$
$$(w-w_b)^T\Omega_s(w-w_b) \leqslant \sigma_{\max}^2 \quad (8-3)$$
$$w^T I = 1, w^T\mu = \bar{\mu}, w \geqslant 0, w_b \geqslant 0, s \in S, b \in B$$

当 $\bar{\mu}$ 和 λ 为确定的常数时，式（8-3）可变为：

$$\min_{w,\sigma_{\max}^2} \sigma_{\max}^2$$
$$(w-w_b)^T\Omega_s(w-w_b) \leqslant \sigma_{\max}^2 \quad (8-4)$$
$$w^T I = 1, w^T\mu = \bar{\mu}, w \geqslant 0, w_b \geqslant 0, s \in S, b \in B$$

当风险规避系数 λ 随着不同的投资基准变化而变化时，模型（8-3）可变为：

$$\max_{w,w_b \geqslant 0}(\min_{s,b}[(1-\lambda_b)w^T\mu - \lambda_b(w-w_b)^T\Omega_s(w-w_b)]) \quad (8-5)$$
$$w^T I = 1, w \geqslant 0, w_b \geqslant 0, s \in S, b \in B$$

第二节 实证研究

一、我国外汇储备的币种选择

本书选择美元、欧元、日元和英镑作为中国的储备货币。

另外，我们选择特别提款权（SDR）作为计价货币。随着布雷顿森林体系的瓦解，特别提款权现在已经作为"一篮子"货币的计价单位。最初，特别提款权是由 15 种货币组成的，经过多年调整，目前以美元、欧元、日元和英镑四种货币综合成为一个"一篮子"计价单位。国际货币基金组织的各成员国货币和特别提款权之间的折算比例，能更好地反映一国货币的综合汇率。

二、收益分布检验

储备货币的收益数据是通过汇率数据和利率数据计算出来的，本书采用的利率数据是实际利率数据，而实际利率数据是通过名义利率和通货膨胀率计算出来的，所以我们需要的数据为汇率、名义利率和通货膨胀率数据，其中汇率数据和通货膨胀率数据来自国际货币基金组织（IMF），名义数据用 Libor 数据代替（数据来自网站：http://www.bba.org.uk/bba/jsp），且以上数据均是 2001 年 1 月至 2008 年 1 月的半月度数据。

下面我们对各种储备货币收益率的正态分布假设进行检验。统计学家对检验正态总体的种种方法进行了比较，根据奥野忠一等在 20 世纪 70 年代进行的大量模拟计算的结果，认为正态性检验方法中，"偏度、峰度检验法"以及"夏皮罗—威尔克法"较为有效。本书使用"偏度、峰度检验法"来检验储备货币收益率是否服从正态分布。我们假设显著水平 $\beta = 0.004$，拒绝域为 $|u_1| \geq z_{\beta/4}$ 或 $|u_2| \geq z_{\beta/4}$，$z_{\beta/4}$ 为标准正态分布的 $\beta/4$ 分位点，u_1、u_2 的具体计算方法就不介绍了［有兴趣的可参见盛骤等（2001）[84]］，在此只列出计算结果（见表 8-1）。表 8-1 清晰地表明，四种储备货币不管是 $|u_1|$ 还是 $|u_2|$ 都小于 $z_{\beta/4}$。因此，可以认定上述四种储备货币的收益率是服从正态分布的。

表 8-1 储备货币收益率的偏度和峰度检验数据列表

品种	美元	欧元	日元	英镑
$|u_1|$	3.0014	1.2058	2.4943	1.4350
$|u_2|$	0.0104	0.0126	0.0045	0.0165
$z_{\beta/4}$	3.090	3.090	3.090	3.090

三、投资基准与风险制度的选择

为了指导投资策略和组合资产评估,我们首先确定两个投资基准,即市场组合基准和流动性组合基准,因为我国外汇储备风险主要来自市场风险和流动性风险。所谓市场组合基准,就是全世界所有外汇储备所形成的组合,这样的投资组合大大降低了非系统风险,我们采用2007年国际货币基金组织统计的世界所有国家外汇储备组合来作为市场组合基准:(美元,欧元,日元,英镑)=(65.95%,26.30%,3.26%,4.49%)(数据来源于2007年国际货币基金组织年报);而流动性组合基准就是要尽量满足支付进口、外债等的外汇需要,这意味着国家外汇储备币种结构与进口、外债等外汇需求的币种结构越接近时,流动性就越好。我们利用进口和外债等用汇币种组合加权估计作为流动性组合基准,具体数据为:(美元,欧元,日元,英镑)=(70.22%,10.96%,11.57%,7.25%)(数据来源于中国商务部、国家外汇管理局等网站)。一般情况下,市场组合基准和流动性组合基准是不同的。

另外,近些年来国际金融市场得到了巨大的发展,随之金融市场不稳定性也在加强,在一段时间内用同一风险制度来衡量市场风险程度已经不合适了。例如,在稳定的经济发展环境和发生金融危机时风险程度存在很大的区别。所以,我们把市场环境分成三个档次:稳定、一般和危机。其中,稳定的市场环境风险程度最底,一般市场环境次之,而危机环境市场风险程度最高。根据我们的样本数据计算得到各种环境所对应的风险制度(用协方差来表示),如表8-2所示。从表8-2中也可以看出,危机市场环境下的协方差矩阵对角线元素比对应的稳定市场环境下大两倍左右,一般市场环境下数值介于这两者之间。

表8-2 不同市场环境下的风险制度

差矩阵	稳定市场环境下的协方差矩阵				一般市场环境下的协方差矩阵				危机市场环境下的协方差矩阵			
	美元	欧元	日元	英镑	美元	欧元	日元	英镑	美元	欧元	日元	英镑
美元	0.0028	-0.0037	0.0008	-0.0022	0.0059	-0.0084	0.0025	-0.0043	0.0069	-0.0099	0.0031	-0.0050

续表

差矩阵	稳定市场环境下的协方差矩阵				一般市场环境下的协方差矩阵				危机市场环境下的协方差矩阵			
	美元	欧元	日元	英镑	美元	欧元	日元	英镑	美元	欧元	日元	英镑
欧元	-0.0037	0.0065	-0.0023	0.0044	-0.0084	0.0133	-0.0042	0.0073	-0.0099	0.0155	-0.0048	0.0083
日元	0.0008	-0.0023	0.0016	-0.0019	0.0025	-0.0042	0.0025	-0.0029	0.0031	-0.0048	0.0029	-0.0032
英镑	-0.0022	0.0044	-0.0019	0.0034	-0.0043	0.0073	-0.0029	0.0053	-0.0050	0.0083	-0.0032	0.0059

四、计算结果及分析

(一) 不变风险厌恶度所对应的币种结构

首先，当两种投资基准对应的风险厌恶度相同时，运用式（8-4）直接模拟计算双投资基准和多风险制度下11种收益水平所对应的外汇储备币种结构（见表8-3）。其中，表8-3中的多风险制度是指包括稳定、一般和危机三种市场环境在内的风险制度，风险水平和收益水平分别为储备组合的风险水平和收益水平。当收益水平为最低的-2.7%时，我们把所有的外汇储备投放到日元；当收益水平为最高的6.13%时，我们把所有的外汇储备投放到欧元。这是因为在四种储备货币中，日元的收益率最低且等于-2.7%，欧元的收益率最高且等于6.13%，美元和英镑的收益率介于这两者之间。当收益水平从-2.7%逐渐增大到6.13%时，美元比重从0开始逐渐增大，在第6种组合（即表中P6，下同）时达到最大的50.43%，然后慢慢减小至第10种组合的3.399%；欧元比重一直是递增的，比重从0一直增加到第11种组合的100%，而日元与欧元的比重变化趋势刚好相反，一直呈递减趋势，从刚开始的100%递减到第7种组合的0，后面的比重值也都是0；最后，英镑比重变化趋势要比前三种复杂一些，从第2种组合的12.98%增至第3种组合的26.11%，再递减至第6种组合的0，接下来又一直递增至第10种组合的29.99%。为了更详细清楚地看出各种储备货币比重的变化趋势，我们模拟计算了更多的投资组合

(见图8-1),各种货币比重变化趋势和表8-3的数据是一致的。从表8-3还可以看出,随着收益水平的提高,风险水平也随之提高,这也符合经济学常识:高回报对应着高风险。

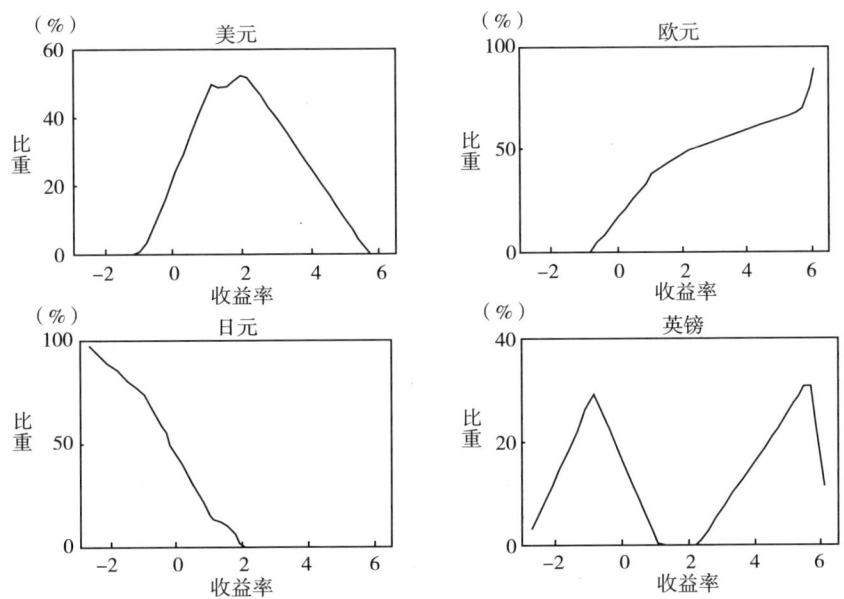

图8-1 双投资基准和三种风险指标下各储备货币比重变化趋势

表8-3 双投资基准和多风险制度下的外汇储备币种结构

单位:%

货币	P1	P2	P3	P4	P5	P6	P7	P8	P9	P10	P11
美元	0.00	0.00	0.00	19.56	42.52	50.43	44.28	30.70	17.13	3.399	0.00
欧元	0.00	0.00	0.00	13.18	31.52	44.17	52.00	56.85	61.70	66.61	100
日元	100	87.02	73.89	48.31	21.41	5.399	0.00	0.00	0.00	0.00	0.00
英镑	0.00	12.98	26.11	18.94	4.553	0.00	3.718	12.44	21.17	29.99	0.000
风险水平	0.21	0.14	0.16	0.16	0.18	0.30	0.55	0.94	1.44	2.05	2.81
收益水平	-2.7	-1.82	-0.93	-0.05	0.83	1.72	2.6	3.48	4.36	5.25	6.13

所以在现实的外汇储备管理中,在两种投资基准对应的风险厌恶度相同的情况下,如果在国家高度关注外汇储备的安全性而忽略收益性的情况下,我们应该多投资于日元和少量英镑;如果在国家关注外汇储备的安全性而又适当地重视收益性的情况下,我们应该多投资于美元和欧元;如果在国家高度重视收益性的情况下,我们建议多投资于欧元和少量英镑。

其次,我们分别模拟计算各种市场环境对应的外汇储备币种结构(见表8-4、表8-5和表8-6)。表8-4至表8-6分别对应的是稳定、一般和危机市场环境下的外汇储备币种结构。首先,我们从表8-4至表8-6可以看出,每种市场环境下同一收益水平所对应的风险水平是不一样的,稳定市场环境下的风险水平最低,一般市场环境次之,而危机市场环境下的风险水平最高。所以,从一个最大最小值投资组合模型计算的结果自然就可以知道:多风险制度和危机市场环境下的币种结构应该是很相似的,从表8-3和表8-6中也可以验证这一结论。下面我们来看一下各种市场环境下同一收益水平所对应的币种结构有什么区别(见表8-4~表8-6),当然在最低收益水平和最高收益水平所对应的币种结构都是一样的,即最低收益水平时,全部投资于日元;最高收益水平时,全部投资于欧元。现在我们主要分析介于最低收益和最高收益水平之间币种结构的异同。各种市场环境下的各自储备货币比重变化趋势和图8-1的趋势是一致的,但各种市场环境下的相同储备货币比重之间是存在差别的。同一收益水平下,各种市场环境下美元的比重在表8-4中最大,表8-5次之,而表8-6最小;欧元的比重则和美元恰好相反;日元的比重在第4种组合之前,从小到大的排列是表8-4、表8-5和表8-6,而第4种组合之后的顺序则刚好相反;英镑的比重基本符合在表8-4中最小,表8-5次之,而表8-6中最大。

表8-4 双投资基准和稳定市场环境下的外汇储备币种结构

单位:%

货币	P1	P2	P3	P4	P5	P6	P7	P8	P9	P10	P11
美元	0.00	13.77	17.97	24.54	36.65	43.99	45.26	33.97	22.69	11.28	0.00
欧元	0.00	0.00	0.00	7.785	33.43	44.92	54.74	66.03	77.31	88.72	100
日元	100	75.34	58.65	42.46	26.96	11.08	0.00	0.00	0.00	0.00	0.00

第八章 我国外汇储备最优币种结构配置模型及实证研究（下）

续表

货币	P1	P2	P3	P4	P5	P6	P7	P8	P9	P10	P11
英镑	0.00	10.89	23.38	25.22	2.961	0.00	0.00	0.00	0.00	0.00	0.00
风险水平	0.21	0.11	0.06	0.07	0.09	0.13	0.21	0.37	0.57	0.81	1.09
收益水平	-2.7	-1.82	-0.93	-0.05	0.83	1.72	2.6	3.48	4.36	5.25	6.13

表8-5 双投资基准和一般市场环境下的外汇储备币种结构

单位：%

货币	P1	P2	P3	P4	P5	P6	P7	P8	P9	P10	P11
美元	0.00	5.793	13.04	24.92	39.06	50.51	45.26	33.97	22.69	11.28	0.00
欧元	0.00	0.00	0.00	12.90	31.92	44.16	54.74	66.03	77.31	88.72	100
日元	100	82.11	62.84	43.68	24.46	5.326	0.00	0.00	0.00	0.00	0.00
英镑	0.00	12.10	24.13	18.50	4.561	0.00	0.00	0.00	0.00	0.00	0.00
风险水平	0.21	0.13	0.09	0.09	0.11	0.16	0.30	0.52	0.80	1.14	1.53
收益水平	-2.7	-1.82	-0.93	-0.05	0.83	1.72	2.6	3.48	4.36	5.25	6.13

表8-6 双投资基准和危机市场环境下的外汇储备币种结构

单位：%

货币	P1	P2	P3	P4	P5	P6	P7	P8	P9	P10	P11
美元	0.00	0.00	0.00	19.56	42.52	56.54	44.28	30.70	17.13	3.399	0.00
欧元	0.00	0.00	0.00	13.18	31.52	43.46	52.00	56.85	61.70	66.61	100
日元	100	87.02	73.89	48.31	21.41	0.00	0.00	0.00	0.00	0.00	0.00
英镑	0.00	12.98	26.11	18.94	4.553	0.00	3.718	12.44	21.17	29.99	0.00
风险水平	0.20	0.13	0.16	0.16	0.18	0.26	0.55	0.94	1.44	2.05	2.81
收益水平	-2.7	-1.82	-0.93	-0.05	0.83	1.72	2.6	3.48	4.36	5.25	6.13

根据以上分析可知，在所有情况风险回避意识不变且假如处在一般的市场环境下，如果经济趋向更好的方向发展，我们应该增大美元和日元的比重，减小欧元和英镑比重；如果经济趋向坏的方向发展（如金融危机），我们采取的措施则相反，减小美元和日元的比重，调大欧元和英镑的比重。

(二) 变动风险厌恶度所对应的币种结构

本节讨论了在风险厌恶度随投资基准变化时我国外汇储备的币种结构，我们运用最大最小值投资组合模型——式（8-5）研究了多风险制度和一般市场环境下的币种结构（见表8-7、表8-8）。从表8-7中可以看出，当 $Rw = Rl = 0.1$ 时（其中，Rw、Rl 是分别对应于市场组合基准和流动性组合基准的风险厌恶度），外汇储备主要投资于美元 21.92% 和英镑 78.08%；当固定 $Rw = 0.1$ 时，使 Rl 从 0.1 逐渐增大到 0.95 时，美元和欧元是逐渐增大的，而日元先增后减，英镑的比重则是逐渐减小的；当我们固定 $Rl = 0.1$ 时，使 Rw 从 0.1 逐渐增至 0.95 时，各种储备货币的变化趋势是和 Rw 固定 Rl 变化时是一样的。

表 8-7 双投资基准和多风险制度下的外汇储备币种结构

		$Rl = 0.1$	$Rl = 0.5$	$Rl = 0.8$	$Rl = 0.95$
$Rw = 0.1$	美元	21.92	29.80	42.75	46.62
	欧元	0.00	0.00	22.87	29.40
	日元	0.00	23.13	18.88	17.37
	英镑	78.08	47.07	15.50	6.615
$Rw = 0.5$	美元	27.95	27.95	42.75	46.62
	欧元	0.00	0.00	22.87	29.40
	日元	23.52	23.52	18.88	17.37
	英镑	48.53	48.53	15.50	6.615
$Rw = 0.8$	美元	42.31	42.31	42.31	46.62
	欧元	24.36	24.36	24.36	29.40
	日元	18.05	18.05	18.05	17.37
	英镑	15.28	15.28	15.28	6.615
$Rw = 0.95$	美元	46.18	46.18	46.18	46.18
	欧元	30.92	30.92	30.92	30.92
	日元	16.55	16.55	16.55	16.55
	英镑	6.356	6.356	6.356	6.356

注：Rw 表示对应于市场组合基准的风险厌恶度，Rl 表示对应于流动性组合基准的风险厌恶度。

第八章 我国外汇储备最优币种结构配置模型及实证研究（下）

表 8-8　双投资基准和一般市场风险下的外汇储备币种结构

		$Rl=0.1$	$Rl=0.5$	$Rl=0.8$	$Rl=0.95$
$Rw=0.1$	美元	8.750	32.19	32.27	37.38
	欧元	0.00	0.00	9.069	22.13
	日元	0.00	21.56	29.58	28.54
	英镑	91.25	46.25	29.09	11.96
$Rw=0.5$	美元	31.13	32.19	32.27	37.38
	欧元	0.00	0.00	9.069	22.13
	日元	21.06	21.56	29.58	28.54
	英镑	47.81	46.25	29.09	11.96
$Rw=0.8$	美元	31.83	31.83	31.83	37.38
	欧元	10.55	10.55	10.55	22.13
	日元	28.75	28.75	28.75	28.54
	英镑	28.87	28.87	28.87	11.96
$Rw=0.95$	美元	36.93	36.93	36.93	36.93
	欧元	23.65	23.65	23.65	23.65
	日元	27.72	27.72	27.72	27.72
	英镑	11.70	11.70	11.70	11.70

注：Rw 表示对应于市场组合基准的风险厌恶度，Rl 表示对应于流动性组合基准的风险厌恶度。

从总体上来看，当 Rw、Rl 都很小时，我们的投资偏向于美元和英镑；当 Rw、Rl 都很大时，即风险回避意识很强时，我们的投资就越接近投资基准。例如，当 $Rw=Rl=0.95$ 时，美元、欧元、日元和英镑的比重分别为：46.18%、30.92%、16.55%和6.356%，与我们的市场组合基准相近了。我们现在再来看一下表 8-8，当 $Rw=0.1$ 固定而 Rl 变化，或者 $Rl=0.1$ 固定而 Rw 变化，各储备货币比重的变化趋势都与表 8-7 的变化趋势一样，但也存在不同之处。例如，当 $Rw=Rl=0.1$ 时，表 8-8 的组合更多地投资于英镑；当 $Rw=Rl=0.95$ 时，在表 8-8 的投资比例中，美元和欧元的比重比表 8-7 的要低，而日元和英镑的比重比表 8-7 的要高。从以上分析我们发现：在现实的外汇储备管理中，如果国家的风险回避意识很弱，建议多投资于英镑和美元；当国家的风险回避意识很强时，投资以美元为主，欧元和日元次之，英镑的比重最低，且从表 8-7 和表 8-8 可大概推出比重区间：美元为 36%~46%、欧元为 23%~31%、日元为 16%~27%、英镑为 6%~12%。

第三节 本章小结

本书借鉴 Markowitz 基本均值方差模型的思想，在 Bernd Scherer（2003）模型的基础之上，建立了基于双投资基准和多风险制度的投资组合模型，并运用此模型对我国外汇储备币种结构配置进行了实证研究，结果发现：

（1）在现实的外汇储备管理实践中，当所有情况下风险回避意识不变时，如果在国家高度关注外汇储备的安全性而忽略收益性的情况下，我们应该多投资于日元和少量英镑；如果在国家关注外汇储备的安全性而又适当地重视收益性的情况下，我们应该多投资于美元和欧元；在国家高度重视收益性的情况下，我们建议多投资于欧元和少量英镑。另外，假如是处在一般的市场环境下，如果经济趋向更好的方向发展，我们应该增大美元和日元的比重，减少欧元和英镑比重；相反，如果经济趋向坏的方向发展（如金融危机），我们采取的措施则也相反，即减少美元和日元的比重，调高欧元和英镑比重。

（2）当风险回避意识随着投资基准变化时，我们的结论和建议是：如果国家的风险回避意识很弱，建议多投资美元和英镑；如果国家的风险回避意识很强，投资以美元为主，欧元和日元次之，英镑的比重最低，且从表 8-7 和表 8-8 可大概推出比重区间：美元为 36%~46%、欧元为 23%~31%、日元为 16%~27%、英镑为 6%~12%。

不同的投资基准、不同的风险制度和不同的风险厌恶度都对我国外汇储备币种结构产生了重要影响，这也从另一个层面上反映了此模型适用的普遍性，不管是发达国家还是发展中国家，只要根据各自国家的投资基准、风险制度和风险厌恶度就可以运用该模型来确定各自国家的外汇储备币种结构。

总体而言，在我国，对于外汇储备风险管理的研究（包括币种结构问题）才刚刚起步，许多现代风险管理技术尚未应用到外汇储备风险管理上，如基于 Black Scholes 模型上的衍生工具、VaR 及其拓展模型等风险管理理论与技术方法等，这有待于学术界和实务界的共同努力。

第九章 外汇储备结构调整策略研究

前面章节对我国外汇储备币种结构进行估计和优化模拟,但现实当中币种结构和理论上最优币种结构还有一定的差距,那么如何使现实的储备结构向最优结构进行调整呢?这就存在一个如何调整的问题。外汇储备结构包括币种结构和资产结构两个方面。外汇储备资产种类主要包括短期国债、长期国债、企业债券、股票等,我们把储备资产大体分为债权类资产和股权类资产,所以我们从币种结构调整、债权类资产结构调整和股权类资产结构调整三个方面具体分析和探讨外汇储备结构调整问题。

第一节 币种结构调整

一、世界外汇储备币种变化

在讨论我国外汇储备币种结构调整问题之前,我们先来看一下世界外汇储备币种结构的变化趋势(见表9-1至表9-6)。

从表9-1、表9-2、表9-3可以得出:从全球的角度来看,1999~2008年,全球外汇储备从13800亿美元上升到42110亿美元,增长了2.1倍;发展中国家外汇储备从3830亿美元增加到20530亿美元,增长倍数达到4.4倍;而发达国家外汇储备从9970亿美元只增加到21580亿美元,增长了仅1.2倍。

中国外汇储备币种结构估计、优化及调整

表 9-1　所有国家外汇储备份额年度数据

单位：10 亿美元

年份	1999	2000	2001	2002	2003	2004	2005	2006	2007	2008
美元	980	1080	1122	1205	1466	1751	1903	2171	2642	2700
欧元	247	278	301	427	559	659	684	832	1082	1116
英镑	40	42	42	51	62	89	102	145	193	172
日元	88	92	79	78	88	102	102	102	120	131
总计	1380	1518	1569	1796	2223	2655	2844	3315	4119	4211

注：表中的"总计"是指世界所有外汇储备（Allocated Reserves）。

表 9-2　发达国家外汇储备份额年度数据

单位：10 亿美元

年份	1999	2000	2001	2002	2003	2004	2005	2006	2007	2008
美元	702	769	788	844	1037	1218	1249	1337	1409	1463
欧元	174	194	203	282	344	401	372	423	499	489
英镑	30	31	30	36	36	48	50	65	76	62
日元	73	81	68	66	77	87	84	84	85	92
总计	997	1094	1108	1255	1529	1796	1791	1948	2119	2158

注：表中的"总计"是指世界所有外汇储备（Allocated Reserves）。

表 9-3　发展中国家外汇储备份额年度数据

单位：10 亿美元

年份	1999	2000	2001	2002	2003	2004	2005	2006	2007	2008
美元	278	311	334	360	429	533	654	834	1233	1237
欧元	73	84	98	146	216	258	313	412	583	627
英镑	9	11	12	14	25	41	52	80	117	110
日元	15	11	11	12	11	14	18	18	35	39
总计	383	424	461	541	694	859	1053	1367	2000	2053

注：表中的"总计"是指世界所有外汇储备（Allocated Reserves）。

第九章 外汇储备结构调整策略研究

从表中还可知,所有国家和发展中国家的外汇储备增长非常快,且增长趋势基本相同,而发达国家的外汇储备增长趋势很平缓。发展中国家外汇储备在所有国家外汇储备中的占比从1999年的27.8%迅速上升到2008年的48.8%,相反,发达国家外汇储备在所有国家外汇储备中的占比从2000年1月的72.2%迅速下降至2008年12月的51.2%,这样可推知全球储备的迅速增长主要来自发展中国家。

表9-4　所有国家外汇储备比重

年份	1999	2000	2001	2002	2003	2004	2005	2006	2007	2008
美元	0.71	0.71	0.71	0.67	0.66	0.66	0.67	0.65	0.64	0.64
欧元	0.18	0.18	0.19	0.24	0.25	0.25	0.24	0.25	0.26	0.27
英镑	0.029	0.028	0.027	0.028	0.028	0.034	0.036	0.044	0.047	0.041
日元	0.062	0.064	0.061	0.051	0.044	0.039	0.038	0.036	0.031	0.031

资料来源:根据国际货币基金组织数据整理得到。

表9-5　发达国家外汇储备比重

年份	1999	2000	2001	2002	2003	2004	2005	2006	2007	2008
美元	0.70	0.70	0.71	0.67	0.68	0.68	0.70	0.67	0.66	0.68
欧元	0.17	0.18	0.18	0.22	0.22	0.22	0.21	0.22	0.24	0.23
英镑	0.031	0.028	0.027	0.029	0.024	0.027	0.033	0.033	0.036	0.029
日元	0.073	0.074	0.062	0.053	0.05	0.049	0.047	0.043	0.04	0.043

资料来源:根据国际货币基金组织数据整理得到。

表9-6　发展中国家外汇储备比重

年份	1999	2000	2001	2002	2003	2004	2005	2006	2007	2008
美元	0.73	0.73	0.72	0.67	0.62	0.62	0.62	0.61	0.62	0.60
欧元	0.19	0.20	0.21	0.27	0.31	0.30	0.30	0.30	0.29	0.31
英镑	0.025	0.025	0.027	0.028	0.037	0.048	0.050	0.059	0.058	0.054
日元	0.04	0.027	0.024	0.022	0.016	0.017	0.017	0.013	0.018	0.019

资料来源:根据国际货币基金组织数据整理得到。

自布雷顿森林体系解体后，外汇储备货币出现了多元化的趋势，单一的外汇储备结构转变为多种储备币种结构。储备货币从单一的美元转变为以美元为主，其他强势货币如欧元、日元、英镑等多种储备货币同时并存的局面。在表9-4、表9-5、表9-6中，虽然不同储备货币在所有国家、发达国家和发展中国家三种类别中变化趋势不尽相同，但在所有外汇储备中，美元和日元比例呈下降趋势，而欧元和英镑是递增的。美元资产比例在1999~2001年维持在71%左右，之后逐渐下降到2008年的64%，其中发达国家外汇储备中美元资产比较稳定，一直在70%左右，欧元资产则占19%左右；而发展中国家美元资产比例则从1999年的73%下降到2008年的60%，同期欧元资产比例则由19%上升到31%。这说明2001年以后美元资产下降主要是发展中国家减持造成的。在发展中国家外汇储备中，英镑在2001年已超过日元的比重，成为发展中国家外汇储备的第三大储备货币，且超过的幅度呈扩大趋势；而在所有国家外汇储备中，英镑于2006年才超过日元的比重，发达国家中日元一直处于第三的位置。需要说明的是，COFER数据库所统计的所有国家的外汇储备占全球外汇储备的67%~78%，涵盖了114个国家，其中包括全部的发达国家24个，但全球160个发展中国家只包括了90个，只占发展中国家外汇储备的52%~64%，重要的是，没有中国的数据。

二、各国外汇储备币种变化案例

（1）据英国《每日电讯报》2006年8月3日的报道，意大利央行半年度报告显示，在意大利外汇储备中，美元储备比例已经从原先的84%大幅下降至63%；相反，英镑储备比重由2004年的"零储备"提高至24%。另外，日元储备也遭到意大利央行的部分减持。据意大利一位官员表示，意大利央行采取预先行动大量减持美元储备，主要是因为美联储持续近两年的升息周期将结束，美元可能因投资者目光重新聚焦于巨额赤字问题而大幅走贬。另外，IMF的报告还显示，英国的英镑已超过日本的日元，成为全球第三大外汇储备货币。这也可以解释为何意大利央行同时减持美元和日元，仅增加英镑的储备[85]。

(2) 2006年10月16日俄罗斯央行副行长乌卢卡耶夫表示，俄罗斯央行已经开始买进日元作为其黄金和外汇储备中的一部分，同时也可能买进其他货币，并进一步表示，央行将最早在2007年扩大外汇储备的货币种类[86]。

(3) 2006年12月阿联酋央行总裁苏外迪表示，他们拟于今后6~9个月将该国家8%的外汇储备从美元转换成欧元，该国已展开以渐进方式抛售部分美元外汇储备的行动。每逢欧元贬值，他们就会买进欧元，希望促成该国外汇储备欧元部分由目前的2%增加为10%。苏外迪表示，阿联酋目前外汇储备总计为249亿美元，其中，美元占98%，其余为欧元。8%外汇储备约为20亿美元，金额并不大。目前，不只是阿联酋，伊朗、委内瑞拉、印度尼西亚等产油国皆有意将部分美元外汇储备转换成欧元[87]。

(4) 综合外电2008年2月18日报道，专门报道各个中央银行信息的《央行杂志》（Central Banking Publications，CBP）和苏格兰皇家银行（Royal Bank of Scotland）18日公布的调查报告显示，各中央银行2007年外汇储备币种构成仍保持相对稳定。对于51家未署名的接受调查的中央银行，有21家央行表示其2007年外汇储备币种构成没有变化或没有显著变化。对于外汇储备货币构成问题做出回应的有22家央行，其中大多数央行称其外汇储备中欧元比重有所增加，并且其中一半的央行表示其外汇储备中美元比重下降。在外汇储备欧元比重上升的央行中，有两家称这是因为其国家债务结构发生变化，另外两家指出这是出于货币多样化的需求，还有一家央行表示，这是由于欧元作为储备货币地位的提高[88]。

(5) 据美国《彭博社》2009年10月13日报道，全球各国央行第二季度增持外汇储备达4130亿美元，创下至少2003年来最大增幅，总储备金额累增为7.3万亿美元。但据巴克莱资本收集的数据，在第二季度新增的外汇储备中，有63%为欧元与日元，比例之高，为历来季度增额大于800亿美元的外汇储备记录中仅见。美元在新增储备中所占比重，也由1999年来平均的63%大幅降低至37%[89]。

(6) 2009年11月3日阿根廷央行投资委员会的报告称，美元的持续贬值给阿根廷的外汇储备造成了汇率损失。阿根廷央行除了适当增加欧元和黄金（1066.30，12.30，1.17%）在外汇储备中的比重外，还决定买入澳元、加元和挪威克朗等升值趋势明显的外汇。报告同时指出,阿根廷央行预计国际大宗商品价格仍将保持上升趋势,因此增加和大宗商品价格走势有关的货币品种将有助于外汇储备的保值[90]。

(7) 综合外电 2009 年 11 月 23 日报道,伊朗央行行长 Mahmoud Bahmani 称,伊朗在一篮子外汇储备货币中剔除美元并代之以欧元后,已获利 50 亿美元。据悉,自 2007 年 10 月起,伊朗 85% 的石油收入已经以其他货币取代美元进行结算;伊朗政府还曾表示,希望找到一种可以替代美元的货币来进行剩余 15% 石油收入的结算[91]。

(8) IMF 数据还显示,在已知币种外储总额中,欧元比重从前一季度的 25.9% 增加到 27.5%,同期英镑占比从 4% 上升至 4.3%,日元占比也从 2.9% 上升至 3.1%。这不仅是 1999 年以来美元占全球外储比重的最低水平,2.2 个百分点的比重下跌也是美元 2002 年第三季度以来的最大幅度[92]。

三、我国外汇储备币种的调整问题分析

我国主要外汇储备货币为美元、欧元、日元和英镑,目前它们的基本情况如下:

美元:次贷危机爆发以来,美国出现了巨额的财政赤字和贸易赤字。2007 年美国政府财政赤字为 1615 亿美元,2008 年增加到 4550 亿美元,而根据美国国会预算办公室的预测,不包括奥巴马政府的经济刺激方案,2009 年美国财政赤字达到 1.2 万亿美元,超过美国 GDP 的 8%[93]。面对巨额的赤字,美国政府除了增发国债来融资,还很可能会采取印刷钞票、制造通货膨胀与美元贬值的方法,而且普遍认为美元贬值短期内无法改变,美元有效汇率指数从 2002 年 10 月至 2009 年 10 月贬值了 21%(见图 9-1),而且美元贬值常常会造成全球大宗商品价格上涨,因此给我国外汇储备美元资产造成的损失往往是双倍的。

欧元:欧元将以欧洲为堡垒,逐步扩展到全世界.将会与美元展开日益激烈的竞争,美元任何弱点的暴露,美国都将为此付出沉重的代价。显而易见,欧元已经是美元最大的竞争对手了。2007 年,欧盟经济基本实现了稳步、快

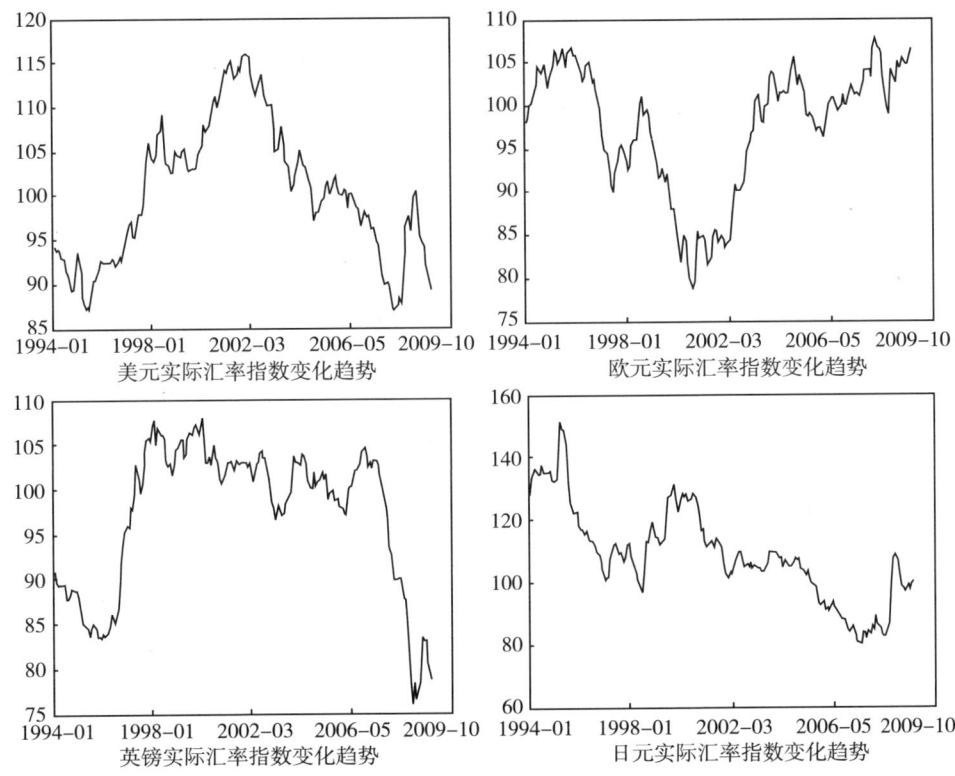

图 9-1 各国有效汇率指数变化趋势

速增长。欧盟经济在 2007 年主要体现出三大特点：一是通过深化欧盟一体化市场，较好地化解了由于欧元升值所产生的经贸压力；二是欧洲央行大力救市，减轻了来自美国次贷危机的不利影响；三是制定新的能源政策，坚持技术创新与可持续发展，积极应对国际油价大幅上涨，使欧盟经济得以稳步增长。次贷危机爆发，全球经济极度不景气的背景下，欧元兑美元表现得春风得意，欧元有效汇率指数从 2002 年 10 月至 2009 年 10 月升值了 17.7%，而未加入欧元区的英镑却正好相反，有效汇率指数从 2002 年 10 月至 2009 年 10 月贬值了 24.6%。

日元：2007 年日本经济发展较为平稳，国际货币基金组织 2007 年 10 月发表报告预测，2007 年日本的经济增长率为 2.0%，略低于 2006 年的 2.2%。但是，由于受美国次贷危机、国际市场原油价格波动及日本实施新的建筑基准法等因素的影响，2008年日本经济要想继续保持稳定增长将经受考验。虽然日本股市持续走软，但日本财务大臣额贺福志郎表示，日本经济正在复苏，并且他预期经济复苏趋势还将持续。日元有效汇率指数从2002年10月至2009年10月升值了4.7%。

从前面章节的研究分析结果可知，外汇储备币种结构对模型某些参数设置比较敏感，但总体上来看，我国外汇储备最优币种结构大概的区间是：美元为36%~46%、欧元为23%~31%、日元为16%~27%、英镑为6%~12%。在对我国外汇储备币种结构进行估计时，美元大大偏高，欧元偏低，日元和英镑略微偏低，再结合四种储备货币目前的基本情况，我们认为应该降低美元币种，适当增大欧元币种，日元和英镑可以保持不变或小幅增大。那么如何调整外汇储备币种结构，使我国外汇储备最终效用最大化，就是我们接着需要探讨的问题。

我国外汇储备币种结构调整策略分析

截至2009年9月，我国外汇储备达到22725亿美元，占全球外汇储备的33%，在某种程度上，我国外汇储备在全球外汇市场和金融市场已经不完全是价格接受者，储备资产多元化行为会影响主要国际货币汇率及相关产品价格的走势。所以，在调整外汇储备的过程中，应注意保持适度的调整力度和速度，特别是在目前全球金融危机还未完全退却的时期，防止调整力度过大而引起类似东南亚金融危机那样全面的新兴市场货币危机。另外，在实践中，国际金融市场极为关注我国储备资产调整的一举一动，因此还应注意我国外汇储备调整的示范效应。全球外汇储备的市场集中度相当高，截至2008年第一季度，全球最大的10个外汇储备持有国（地区）拥有全球外汇储备总量的70%，全球最大的两个外汇储备持有国（中国和日本）拥有的外汇储备在全球外汇储备中的占比高达40%；全球外汇储备最大的10个持有国（地区）中只有俄罗斯和德国不是亚洲国家或地区①。如果亚洲各央行效仿我国集体减持美元资产，这将给亚洲自身和美国甚至世界经济造成严重的后果。

---

① 相关数据来自IMF国际金融统计。

第九章 外汇储备结构调整策略研究

张明（2006）指出，按常理说，在美元贬值背景下减持美元资产，在美元升值背景下增持美元资产，是一种理性的行为。但从近二三十年外汇储备美元资产比例与美元汇率的相关关系来看，事实并非如此。从表9-7中可以发现，20世纪70年代以来，在美元五次较长的贬值期间，全球持有美元资产的数量反而有所增加；在美元四次较长的升值期间，全球持有美元资产的数量增减次数各有两次，但是从平均的角度来看，当美元升值时，全球持有美元资产的数量反而有所减少。此外，当美元贬值时，外汇储备中美元资产价值的下降比例远小于美元汇率的下跌比例，这说明在美元汇率下跌过程中有增持美元资产迹象；当美元汇率上升时，外汇储备中美元资产价值的上升比例远小于美元汇率的上升比例，这说明各国在美元汇率上升的过程中却在减持美元资产[48]。

表9-7 美元贬值和美元升值期间美元资产占外汇储备比重的变动

单位：%

	期间	美元汇率的变动	美元资产在外汇储备中的比重变动	
			数量	价值
贬值期间	1976~1978	-13.5	0.3	-6.2
	1985~1988	-33.8	7.3	-5.9
	1990~1991	-7.9	1.9	-0.2
	1994~1995	-4.7	4.4	0.1
	2002~2004	-25.2	2.0	-5.6
	平均	-17.0	3.2	-3.6
升值期间	1980~1984	39.0	-13.9	-0.5
	1992~1993	8.5	3.4	5.8
	1996~1997	16.4	2.3	6.1
	2000~2001	16.3	-2.4	0.4
	平均	20.0	-2.6	3.0

资料来源：Truman 和 Wong（2006），转自张明（2006）[48]。

Truman 和 Wong（2006）[84]对储备美元资产比例与美元汇率变动趋势相反这一现象做出了解释。他们把储备币种调整策略分为三种：消极多元化、积极多元化和稳定多元化。所谓消极多元化，是指当储备货币汇率发生变化时，央行不采取任何行动，这时储备货币资产所占比重变化和汇率变化是一致的；积极多元化是指如果某种储备货币汇率下跌，央行就出售该种储备货币，而买入其他储备货币资产，相反，央行就购买该种储备货币，而抛出其他储备货币资产；很明显，积极多元化调整策略放大了储备货币汇率的波动幅度，增大了外汇储备汇率风险。第三种币种调整策略稳定性多元化是指，当某种储备货币汇率下降（上升）时，该央行进行反向操作，即出售（买入）其他货币资产而买入（卖出）该货币资产，对该货币汇率下跌（上升）产生抑制作用，起到稳定锚的作用，所以称为稳定多元化。Truman 和 Wong（2006）[94]认为，美元外汇储备资产价值变动趋势，主要反映了消极多元化的情况；而美元外汇储备资产数量变动趋势，则主要反映了积极多元化和稳定多元化的情况。也就是说，在美元贬值背景下启动的外汇储备多元化将会增持而不是减持美元资产，从而收缩而不是放大美元贬值幅度。

具体到我国而言，每当美国财政部公布我国外汇储备中美元资产数据的时候，如果出现了减持的情况，国际社会上就会有传言，我国要开始减持美元资产了。每当此时，我国都会主动积极地出来辟谣，并会列上几条理由表明中国没有打算减持美元资产，美元资产仍然是我国外汇储备的主要组成部分。这样做的好处是防止美元贬值，以免巨大的美元外汇储备存量缩水。但是，美国存在巨大的贸易赤字和财政赤字等诸多问题，美元在中长期内贬值趋势不会改变。这种情况下，消极多元化肯定是不可取的，积极多元化应该被考虑，或者是积极多元化和稳定多元化相结合，这样既能达到把外汇储备币种结构调整至最优化的目标，又能最大程度地减少损失。

第二节　债权类资产结构调整

根据美国财政部公布的数据，截至 2008 年 6 月，中国投资于美国证券的资金为 12050 亿美元，占当时中国外汇储备的 67%，仅次于日本的 12504 亿美元。表 9-8 反映了部分国家持有美国证券的资产组合，比较后发现，中国投资于美国证券的最大问题之一，在于投资于股权的比例过低，仅为 8%，远低于世界平均水平的 29%，且与此相比，日本为 16%、英国为 44%、德国为 29%、新加坡为 59%。从各国投资于美国长期债券的资产组合来看，中国投资于美国长期债券的金额为 10753 亿美元，占投资美国证券总额的 89%，占当时我国外汇储备的 59%。其中，投资于美国财政部国债的比例为 43%、投资于美国政府机构债券的比例为 44%、投资于美国企业债券的比例为 2%。与其他国家相比，中国投资于美国财政部国债和机构债的比例都过高，而英国仅为 5%、德国为 19%、新加坡为 18%，世界平均水平也只为 21%。美国财政部最新公布的数据显示，截至 2008 年 9 月底，中国总共持有美国国债 5850 亿美元，第一次超过日本成为美国最大的国债持有者。这说明了我国把大部分外汇储备投资于安全性高而收益率低的美国国债和机构，而忽视了高收益、高风险的美国机构债，表现为偏重于安全性而轻收益性。

表 9-8 2008 年 6 月部分国家持有美元资产的结构

	总计	股票	长期债券				短期债券			
			国债	机构债	公司债	合计	国债	机构债	公司债	合计
中国	1	0.08	0.43	0.44	0.02	0.89	0.01	0.01	0.00	0.03
日本	1	0.16	0.45	0.22	0.12	0.79	0.05	0.00	0.00	0.05
英国	1	0.44	0.05	0.03	0.46	0.54	0.01	0.00	0.01	0.03
德国	1	0.29	0.19	0.05	0.43	0.67	0.02	0.00	0.02	0.04
新加坡	1	0.59	0.18	0.04	0.17	0.39	0.01	0.01	0.00	0.03
世界	1	0.29	0.21	0.14	0.27	0.63	0.04	0.02	0.03	0.08

注：美国财政部网站（数据经过计算整理而得）。

综上所述，目前我国外汇储备偏重于债权投资，忽视了股权投资；偏重于政府债和机构债，忽视了企业债；投资偏重于安全性和流动性，忽视了收益性。随着我国外汇储备的迅速增大，外汇储备作为金融资产在收益方面越来越受到关注。巴曙松、刘先丰（2007）提出多层次外汇储备管理，根据本国持有外汇储备的不同需求动机，分为交易性动机、预防性动机、营利性动机[95]。

中国外汇储备币种结构估计、优化及调整

商景良、陈怀东（2008）把外汇储备分为满足交易性和预防性动机的流动性组合、满足营利性动机的长期资产组合以及满足发展性动机的战略投资组合。流动性组合是外汇储备管理的基本组合，强调安全性、流动性，主要是满足国际支付，偿还外债，确保FDI企业利润汇出的用汇需求和政府干预汇市的用汇需求。长期资产组合是当达到充足性、流动性和安全性的目标后，着重考虑收益性，以提高外汇储备资产的长期购买力，着重投资于长期资产以获取较高回报[96]。

目前，对于外汇储备适度规模的研究文献很多，虽然没有得出精确性的数据，但一致认为目前的外汇储备已经远远满足于交易性动机和预防性动机。我国外汇储备应该在保证安全性和流动性的基础上，适时调整资产结构，尽可能提高收益性。下面我们就外汇储备投资于债券类资产和股权类资产的调整策略进行分析。

一、债券类资产调整策略

与其他金融工具一样，对国债进行投资同样面临着各种各样的风险，如利率风险、再投资风险、流动性风险、赎回风险等，那么如何对债券类资产进行管理呢？我们首先简单地介绍已有比较成熟的积极债券组合管理和消极债券组合管理两种方法，其次对我国外汇储备中的债券类资产调整策略进行分析。

（一）积极债券组合管理

1. 水平分析

水平分析是一种基于对未来利率预期的债券组合管理策略，其中一种主要形式为利率预期策略。在这种策略下，债券投资者基于其对未来利率水平的预期来调整债券资产组合，以使其保持对利率变动的敏感性。由于久期是衡量利率变动敏感性的重要指标，这意味着如果预期利率上升（下降），就应当减小（增大）债券组合的久期。对于以债券指数作为评价基准的资产管理人来说，预期利率下降时，将增加投资组合的持续期；反之，当预期利率上升时，将缩短投资组合的持续期。利率预期策略运用的关键点在于能否准确地预测未来利率水平。

2. 债券互换

债券互换就是同时买入和卖出具有相近特性的两个以上债券品种,从而获得收益级差的行为。不同债券品种在利息、违约风险、期限(久期)、流动性、税收特性、可回购条款等方面的差别,决定了债券互换的可行性和潜在获利可能。以投资期分析为基础,债券互换可分为替代互换、市场间利差互换以及税差激发互换。

3. 或有(应变)免疫

严格来讲,或有免疫是一种"积极—消极"混合的投资策略,非常适合只愿意承担有限风险的同时,又愿意从事更积极的投资来增加收益的投资者,如保险公司。只要资产现值大于未来负债的现值,管理者就可以在开始时承受一些风险损失,此时采用一些积极的策略,而不立即采用利率免疫的策略。关键是计算在现行利率下要锁定多少投资进行利率免疫,才能保证未来资产值不少于负债值,该负债值将变成触发点:当实际的资产组合价值跌到触发点,积极的管理就会停止而执行免疫管理;或达到触发点,导致最初的免疫策略变换,以保证最低的可接受业绩得以实现。

(二)消极债券组合管理

消极的债券组合管理者通常把市场价格看作均衡交易价格,因此他们并不试图寻找低估的品种,而是注重债券组合的风险控制。在债券投资组合管理过程中,通常使用两种消极管理策略:一种是指数策略,目的是使所管理的资产组合尽量接近某个债券市场指数的表现;另一种是免疫策略,这是被许多债券投资者所广泛采用的策略,目的是使所管理的资产组合免于市场利率波动的风险。

1. 指数化投资策略

指数化投资策略以市场充分有效的假设为基础,目标是使债券投资组合达到与某个特定指数相同的收益,属于消极型债券投资策略之一。这种策略虽然可以达到预期的绩效，但往往放弃了获得更高收益的机会或不能满足投资者对现金流的需求。

2. 免疫策略

(1) 满足单一负债要求的投资组合免疫策略。在投资者买入特定债券之后，如果市场利率下降，将导致债券价格上升，但同时再投资收益率下降；而当市场利率上升时，债券价格将下降，但再投资收益率上升。债券价格波动风险与再投资风险之间存在替代关系，因此，为了保证至少能够实现目标收益，投资者应当买入这样一种债券：当市场利率下降时，债券价格上升带来的收益抵消再投资收益的下降导致的损失之后还有盈余；当市场利率上升时，债券的再投资收益的增加在抵消债券价格下降导致的损失之后还有盈余。这样，不论市场利率如何变化，都能够保证债券组合的收益率不低于目标收益。然而，当且仅当收益率曲线是水平状态或收益率的任何变动都使收益率曲线平行移动（利率在所有期限点上以相同的基点上升或下降）时，债券投资组合才能够免于市场利率波动的风险。如果市场利率的变化使收益率曲线形状发生改变，则与负债久期相匹配的债券投资组合就不能实现完全免疫。那么，投资者此时构造债券投资组合的目标就是在最大限度地避免市场利率变动影响的同时，使实际收益低于目标收益的风险最小化。

(2) 多重负债下的组合免疫策略。多重负债免疫策略要求在利率变化的情况下投资组合可以偿付不止一种预定的未来债务。与满足单一时期现金流时所采取的规避策略基本相似，多重负债下的组合免疫策略要求达到以下条件：债券组合的久期与负债的久期相等、组合内各种债券久期的分布必须比负债久期的分布更广、债券组合的现金流现值必须与负债的现值相等。在上述三个条件满足的情况下，用数学规划的方法求得规避风险最小化的债券组合。

(3) 多重负债下的现金流匹配策略。现金流匹配策略是按偿还期限从长到短的顺序，挑选一系列的债券，使现金流与各个时期现金流的需求相等。这种策略没有任何免疫期限的现值，也不承担任何市场利率风险，但成本往往较高。与多重免疫策略相比，现金流匹配没有持续期的要求，但要求在利率没有变动时仍然需要对投资组合进行调整[97]。

二、以美国国债为例来说明国债资产的调整策略

(一) 从减持的角度来看债权资产的调整

图 9-2 表示美国不同期限国债到期收益率走势。从图中可以看出,在 2007 年 7 月之前,不同期限的美国国债收益率差异不大,甚至出现短期国债收益率超过长期国债收益率的反常情况,说明在正常经济环境下,美国短期和长期国债市场上的供给和需求相对均衡,甚至投资者更倾向持有长期美国国债投资。债券收益率出现倒置,即暗示债券投资者预期利率会下降,而这一趋势通常与疲弱经济增长和低通胀相关。据一些美国银行(Bank of America)分析师称,美国过去六次经济衰退之前,美国国债的收益率曲线都会出现逆向运行。2007 年 7 月以后,不同期限的国债收益率出现了明显分化。2007 年 7 月至 2009 年 11 月,短期债券(如 1 个月和 1 年期)的收益率出现大幅下滑,下降幅度达 94% 以上,波动性明显加大,且在 2008 年 12 月至 2009 年 11 月一直

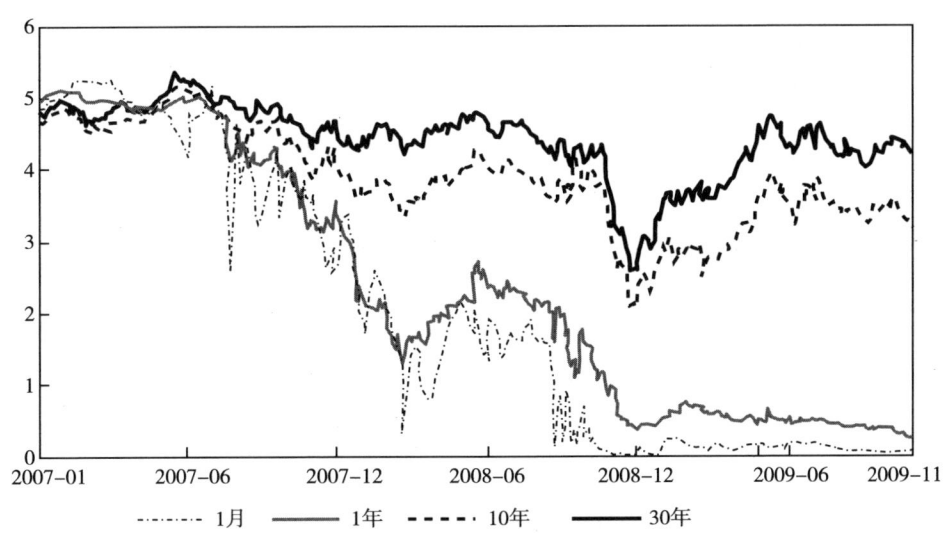

图 9-2 美国不同期限国债到期收益率走势

资料来源:美国财政部网站。

在低位横盘（接近0）。美国财政部以史无前例的零利率发行300亿美元、期限为4周的国债，竟然获得4倍超额认购倍数的追捧。长期债券（如10年和30年期）仅出现了微弱的下滑，在2008年12月达到最低点，但之后出现了"V"形反弹，总体维持在高位。

根据孙杰（2009）的分析[98]，我们归纳总结为以下几点原因：

（1）面对金融危机中替代性金融资产价值大幅缩水的市场环境，美国国债再一次被视为相对安全的资产，而短期美国国债因其流动性很好，更成为避险资金争相追逐的对象，导致收益率急剧下降，且第一次出现了短期债券收益率为0的现象。

（2）10年及30年期美国国债收益率相对平稳的走势则清楚地反映出市场对美国政府为救市而发行巨额国债的恐惧。

（3）由于造成国债收益率下降的增量资金主要是投机性资金，进入国债市场的目的主要是保值而不是增值，且更注重流动性。在恐慌时流入安全资产，在恐慌缓解后流入盈利资产才是它们的核心特征。在短期国债市场收益率太低的时候进入长期国债市场只是不得已的选择。这样，当国际金融市场出现上涨行情，或者发现在其风险可承受范围内有更好的盈利机会时，流入长期国债市场的资金就会首先退出国债市场去追逐更高的收益。

（4）造成美国长期国债收益率回升的原因除了避险资金撤离之外，还有市场对于美国政府将增加国债发行的担忧。奥巴马政府预计，2009年的预算缺口可能达到1.75万亿美元，为"二战"以来最高水平。高盛估计，为了给各种救市和开支计划融资，美国政府2009年需要发债融资3.25万亿美元。过高的国债供给，特别是在世界其他国家也受到金融危机冲击，海外对美国长期国债的需求没有明显提高，甚至出现抛售可能的情况下，长期国债市场就面临较大的压力，所以长期国债收益率出现了"V"形反弹，且高位横盘。

（5）美国长期国债收益率水平维持高位显然不利于美国降低发行巨额救市债券的成本。如果考虑在金融危机的影响逐渐影响到世界其他国家，特别是持有大量美国国债的中国和日本的国际收支盈余下降或国内经济出现衰退，不仅对美国长期国债的购买可能下降，甚至可能抛售一部分美国国债。因此美国国债的长期收益率不仅可能维持在高位，甚至可能出现上升的局面。结果我们看到，一方面是美国财政部要增发长期国债，而另一方面是美联储开始收购国债和机构债。因为只有这样，才可能维持美国国债收益率不上升，甚至可能出现下降的有利局面。

（6）鉴于短期国债收益率对基准利率的敏感度比长期国债高，由于对美联储未来的降息考虑，短期国债价格还有继续上涨的空间，因此在当前价格和未来价格中还存在赚取差价的空间。和短期内损失的利息收入相比，未来约1个百分点的短期国债价差对投资者更有诱惑，这也是短期国债投资者看涨买入的原因。

根据债券价格公式（一年付息一次的债券为例），有：

$$P = \frac{C}{1+y} + \frac{C}{(1+y)^2} + \cdots + \frac{C}{(1+y)^n} + \frac{F}{(1+y)^n} \quad (9-1)$$

其中，P为债券价格，C为债券利息，y为到期收益率，n为到期年数，F为债券面值。

由于C、n、F一般都是固定的，所以当到期收益率y下降时，债券价格P上升，而此时美国短期债券收益率为历史最低点，为我们提供减持短期债券的最好时机。美国长期债券收益率处于高位，价格就是低位，此时减持会带来很大的损失，但如果未来收益率下降，也就是我们减持长期债券的时候了。

（二）从增持角度来看债权类资产的调整

从外汇储备管理稳健性的角度来说，持有到期的投资策略虽然可以避免市场波动的价格风险，取得固定的票面收益，但却是消极的策略。在当前金融危机的环境下，面对不可避免的美元汇率风险和通货膨胀风险，转变美国国债的投资策略是一种必要的措施。

我们知道，在所有其他因素不变的情况下，到期期限越长，债券价格的波动性越大。对普通债券而言，当其他因素不变时，票面利率越低，麦考莱久期及修正的麦考莱久期就越大。同时，假设其他因素不变，久期越大，债券的价格波动性就越大，即风险就越大。

投资者在预期未来降息时，可选择久期大的债券；在预期未来升息时，可选择久期小的债券。在目前美国利率水平跌无可跌的情况下，减持美国长期债券,增持美国短期债券应该是合理的选择。在当前美国短期国债价格高企的情况下,可以增持流动性强的产品。如 2009 年初,外管局在美国市场上卖掉 400 亿美元的长期债券,同时买进 600 亿美元的短期债券,就是对当时形式正确判断所做出的正确决策。

第三节 股权类资产结构调整

关于股权类资产投资策略理论相对已很成熟,自从马考维茨(Harry Markowitz)撰写的《投资组合的选择》一文发表,半个多世纪以来,现代投资组合理论得到了长足发展,如 Markowitz 投资组合模型、资本资产定价模型(CAPM)、套利定价定理(APT),以及近几年兴起并渗透至投资组合理论领域的 Value-at-Risk 方法等。但是,时至 20 世纪 80 年代,对金融市场的大量实证研究发现了许多现代金融学无法解释的异象(Anomalies),从而引发了行为金融学的问世。行为金融学不仅对现代金融学提出了挑战,也是对经济学理论基础的挑战。正当行为金融与现代金融争论不休时,最近形成的进化金融理论给出了一种新的合理解释,也为大机构投资者(包括外汇储备股权投资)提供一种新的投资思路。

进化金融理论是借助达尔文(Darwin)的进化论思想,研究金融市场的财富分配和金融资产价格的动态规律。进化金融研究的对象是投资策略,而不是单个投资者,就像达尔文研究的是物种,而不是单个生物体一样。传统金融理论认为单个投资策略微不足道,它对金融市场的供给和需求没有影响,因而一般假设金融资产价格是外生的,与投资策略无关。与此完全相反,从自然选择这个角度来看,进化金融认为投资策略的相互作用对金融市场的演变具有决定性的影响。例如,股票市场上一种很常见的现象是:当有投资者大量买进(抛售)某只股票时,这只股票的价格就会急剧上升(下降)。

金融理论的进化思想早先可见于 Friedman(1953)[99]与 Fama(1965)[100]等

提出的"市场或自然选择最终导致有效市场"的著名猜想,严格的进化金融模型研究始于 Blume 和 Easley（1992）[101] 的研究。随后 Sandroni（2000）[102] 以及 Blume 和 Easley（2001）[103] 研究了长生命期资产的进化金融模型；Ebstigneev、Hens 和 Schenk-Hoppe（2006）[104] 的研究（简称 EHS 模型）构建了最接近真实市场的离散进化金融模型；杨招军、秦国文（2006）[105] 研究了连续时间进化金融模型；龙张红、杨招军和秦国文（2007）运用进化金融理论对中国股票市场进行了实证研究[106]。

下面我们简单地介绍进化金融模型,并对其进行模拟研究来说明这种投资思路运用于规模巨大的外汇储备投资上的优点和价值。

一、固定策略的离散进化金融模型简介

本节基于 EHS 模型,对固定策略的离散进化金融模型进行简要的介绍。

假设市场中有 K 种不同的股权类资产（如股票）,每种资产的总量是固定的（不失一般性假设为 1）,且在每个交易时刻 t 前支付一定数量的股息（整个市场的股息恰好全部用来消费）,股息依赖于当前状态但其平均值不随时间变化而变化,且至少存在一种资产支付的股息大于零,记 $D(\omega_z) = \sum_{k=1}^{K} D^k(\omega_z) > 0$,其中 $\omega_z \in \Omega$, Ω 是有限的状态空间, $z \in N$。投资者根据策略不同分成 I 类,每一类投资者采用相同的策略,策略与投资者类构成一一对应关系,故以后以策略代替对投资者类的称呼。这里我们只考虑固定策略,策略 i 可记为 $\lambda^i = (\lambda_k^i)$, $k = 0, \cdots, K$, $\lambda_k^i \in [0, 1]$ 表示投资策略 i 投资于资产 k 的比例, λ_0^i 表示策略 i 的消费比例,且 $\sum_{k=0}^{K} \lambda_k^i = 1$。

假定资产价格是完全由供求唯一决定的,所以为了保证每种资产价格严格为正,我们假定至少存在一种策略是固定混合策略（即投资于每一种资产的比例都大于 0）。

记股息作为消费品在时刻 $t+1$ 的价格为 ρ_{t+1}^0,则策略 i 在时刻 $t+1$ 控制的财富为：

$$w_{t+1}^i = \sum_{k=1}^{K} (D^k(\omega_z)\rho_{t+1}^0 + p_{t+1}^k W_{t+1}) \theta_{t,k}^i; \quad i = 1, \cdots, I \qquad (9-2)$$

其中，

$$\theta_{t,k}^i = \frac{\lambda_k^i w_t^i}{\rho_t^k}, \ W_{t+1} = \sum_{i=1}^{I} w_{t+1}^i, \ p_{t+1}^k = \frac{\rho_{t+1}^k}{W_{t+1}}, \ \rho_{t+1}^k = \sum_{i=1}^{I} \lambda_k^i w_{t+1}^i \quad (9-3)$$

它们分别表示策略 i 在时刻 t 拥有资产 k 的份额，$t+1$ 时刻的总财富，资产 k 在 $t+1$ 时刻的相对价格和实际价格。假设所有投资者的消费比例相同，即 $\lambda_0^i = \lambda_0^j = \lambda_0 \ i, j = 1, 2, \cdots, I$，则

$$D(\omega_z)\rho_t^0 = \sum_{k=1}^{K} D^k(\omega_z)\rho_t^0 = \lambda_0 \sum_{i=1}^{I} w_t^i = \lambda_0 W_t \quad (9-4)$$

由式 (9-2)、式 (9-3)、式 (9-4) 可得：

$$r_{t+1}^i = \sum_{k=1}^{K} \left(\lambda_0 d^k(\omega_z) + \sum_{j=1}^{I} \lambda_k^j r_{t+1}^j \right) \frac{\lambda_k^i r_t^i}{\sum_{j=1}^{I} \lambda_k^j r_t^j} \quad (9-5)$$

其中，

$$r_{t+1}^i = \frac{w_{t+1}^i}{W_{t+1}} \quad (9-6)$$

表示策略 i 在时刻 $t+1$ 的财富份额，以及

$$d^k(\omega_z) = \frac{D^k(\omega_z)\rho_{t+1}^0}{D(\omega_z)\rho_{t+1}^0} = \frac{D^k(\omega_z)}{D(\omega_z)} \quad (9-7)$$

这表示资产 k 的相对股息，进而可得式 (9-5) 的向量形式：

$$r_{t+1} = \lambda_0 \left(Id - \left[\frac{\lambda_k^i r_t^i}{\lambda_k r_t} \right]_i^k \Lambda \right)^{-1} \left[\sum_{k=1}^{K} d^k(\omega_z) \frac{\lambda_k^i r_t^i}{\lambda_k r_t} \right]_i \quad (9-8)$$

其中，$\lambda_k = (\lambda_k^1, \lambda_k^2, \cdots, \lambda_k^I)$，$\Lambda^T = (\lambda_1^T, \lambda_2^T, \cdots, \lambda_k^T) \in R^{I \times k}$ 表示投资策略矩阵，Id 表示单位矩阵，$r_{t+1} = (r_{t+1}^1, r_{t+1}^2, \cdots, r_{t+1}^I)$ 表示财富份额向量。根据 Mascollel、Whinston 和 Green（1995）[107] 的研究可知，式 (9-8) 的逆矩阵存在且为正定的。我们称式 (9-8) 为市场选择过程，它生成了一个随机动态系统，刻画了各种策略所控制财富份额的演化规律。初始财富份额可以由 $(r_0^i)_i = \left(\frac{w_0^i}{W_0} \right)_i$ 给出，且若知道财富份额也可以通过式 (9-4)、式 (9-6) 导出的 $\lambda_0 w_{t+1}^i = D(\omega_z)\rho_{t+1}^0 r_{t+1}^i$ 算出相应资产的财富。

二、模拟分析

(一) 股息数据及投资策略选择

股息数据可以用电脑随机生成,也可以自己设定,不影响我们的投资策略原则。所以为了方便起见,就采用龙张红、杨招军(2007)[106]研究中的股息数据。

投资策略是选取了十种策略(见表9-9),其中,策略1就是本书所说的进化稳定策略,即投资比例等于股票相对股息的数学期望。策略2是平均分配策略,即投资每只股票的财富比例相同,Benartzi 和 Thaler (1998)[108]称这种策略为错觉多样化(Illusionary Diversification)。策略3是把所有的财富投资于股息平均值最高的股票。在后面的模拟计算中可以看出这种策略不是最好策略,最终被市场淘汰,而当今有相当一部分投资者使用这种策略。策略4是在策略1的基础上推出来的,根据 Tversky 和 Kahnemann (1992) 的累积期望理论(Cumulative Prospect Theory):存在一函数 $\alpha: [0, 1] \to [0, 1]$,此函数夸大小概率事件,而低估大概率事件[109]。其后的策略5、策略6、策略7的投资比例是任意选择的,但它们共同的特点是只投资于其中一部分股票。我们把这种只投资于一部分股票的策略称为不完全混合策略,把投资每一只股票的策略称为完全混合策略。我们运用快速混合法把策略5、策略6、策略7分别变成完全混合策略,即得策略8、策略9、策略10。其中快速混合法指的是:在原有的投资策略基础上,抽出少量财富投资于其他股票,这样保证了投资策略是完全混合的。理论上已证明完全混合策略比不完全混合策略更适应市场[参见 Hens 和 Schenk-Hoppe (2001)][110],但在现实中,许多投资者往往只投资于极少数的股票,这样风险很高,容易被市场淘汰。

表 9-9 投资策略

	策略 1	策略 2	策略 3	策略 4	策略 5	策略 6	策略 7	策略 8	策略 9	策略 10
股票 1	0.0138	0.0500	0	0.1181	0	0	0.0875	0.0009	0.0074	0.0865
股票 2	0.0569	0.0500	0	0.0503	0	0	0	0.0009	0.0074	0.0011
股票 3	0.0545	0.0500	0	0.0481	0.0112	0.0122	0.1290	0.0111	0.0112	0.1276
股票 4	0.0541	0.0500	0	0.0478	0	0	0	0.0009	0.0074	0.0011
股票 5	0.0507	0.0500	0	0.0448	0.0009	0.0110	0	0.0009	0.0101	0.0011
股票 6	0.1089	0.0500	0	0.0962	0.3420	0	0.0157	0.3380	0.0074	0.0155
股票 7	0.0350	0.0500	0	0.0464	0	0.3521	0.0830	0.0009	0.3236	0.0821
股票 8	0.0683	0.0500	0	0.0603	0.1121	0.2582	0.1542	0.1108	0.2373	0.1525
股票 9	0.0542	0.0500	0	0.0479	0	0	0	0.0009	0.0074	0.0011
股票 10	0.1340	0.0500	1	0.0184	0	0.2101	0.0203	0.0009	0.1931	0.0201
股票 11	0.0878	0.0500	0	0.0775	0	0	0	0.0009	0.0074	0.0011
股票 12	0.0154	0.0500	0	0.0204	0	0	0.0380	0.0009	0.0074	0.0376
股票 13	0.0662	0.0500	0	0.0585	0.0220	0.0126	0	0.0217	0.0116	0.0011
股票 14	0.0174	0.0500	0	0.0231	0	0	0.3001	0.0009	0.0074	0.2968
股票 15	0.0173	0.0500	0	0.0229	0	0	0	0.0009	0.0074	0.0011
股票 16	0.0405	0.0500	0	0.0537	0	0	0.1711	0.0009	0.0074	0.1692
股票 17	0.0354	0.0500	0	0.0469	0.4375	0.0080	0	0.4324	0.0074	0.0011
股票 18	0.0400	0.0500	0	0.0530	0	0.1111	0.0011	0.0009	0.1021	0.0011
股票 19	0.0225	0.0500	0	0.0298	0.0743	0	0	0.0734	0.0074	0.0011
股票 20	0.0271	0.0500	0	0.0359	0	0.0247	0	0.0009	0.0227	0.0011

(二) 模拟结果及分析

有了股票股息过程和十种投资策略之后，接下来我们模拟相同消费比例（不妨设为 0.1）、不同初始财富份额、不同时间区间的各种策略所控制财富份额和股票价格的演化过程，然后考虑在增加噪声交易策略的情况下，上述模拟结果是否会发生变化。最后,分析在其他情况不变而消费比例变化时,市场财富的进化速度。

图 9-3 模拟了相同初始财富份额条件下各种策略所控制的财富份额的演化过程。可以得出策略 1(即进化稳定策略)在时刻 10 的财富份额增加了将近一倍(份额为 0.1989),在时刻 50 变为 0.4114,在时刻 125 增加至 0.6018,在时刻 300 达到 0.8424。虽然财富份额曲线有一些波动,但从总体上来看,呈明显上升趋势。其他策略财富份额,有些开始也有上升趋势,但最终都逐渐减少且趋近于零。这说明进化稳定策略是最好的策略,并将最终控制整个市场财富。

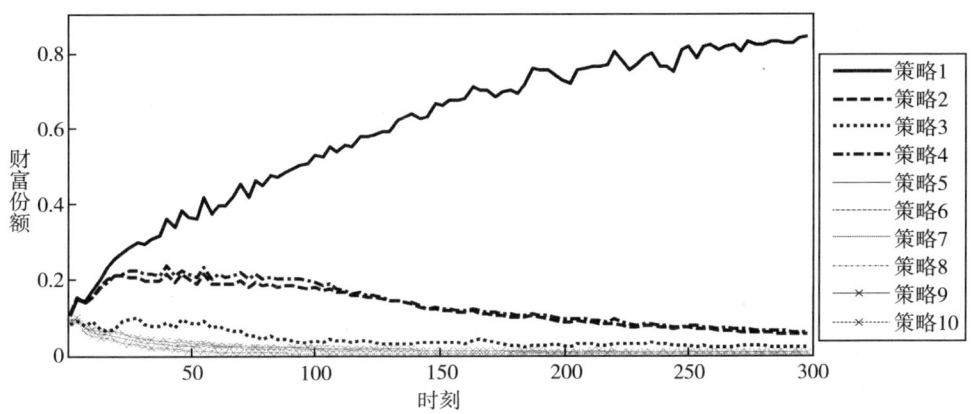

图 9-3 相同初始财富时财富份额的演化过程

表 9-10 是图 9-3 模拟 60 次所得各种策略在时刻 300 的相应财富份额的均值和方差。从均值一栏我们可以看到,策略 1 所控制的财富份额均值为 0.8368,而其他策略的财富份额均值都很小,尤其是策略 7、策略 10 的财富份额已经为零,这说明这两种策略已经被市场淘汰。从方差值一栏可以看出,方差值是非常小的,最大的仅 3.751×10^{-4}。这说明图 9-3 虽然只是股票股息过程其中一条状态路径所模拟的结果,但它具有一般性。

表 9-10　对图 9-3 运行 60 次得出各策略在时刻 300 的状况

	策略 1	策略 2	策略 3	策略 4	策略 5	策略 6	策略 7	策略 8	策略 9	策略 10
均值	0.8368	0.0574	0.0181	0.0664	0.0053	0.0045	0.0000	0.0054	0.0053	0.0000
方差值×10^{-3}	0.3751	0.0228	0.0294	0.0992	0.0024	0.0013	0.0000	0.0021	0.0012	0.0000

图 9-4 给出了在各种策略拥有相同初始财富份额的情况下，股票相对价格随着各种策略的财富份额演化而演化的动态过程。可以看出，在开始的一段时间里，股票相对价格波动性大，但随着时间的推移，股票相对价格逐渐趋于稳定。

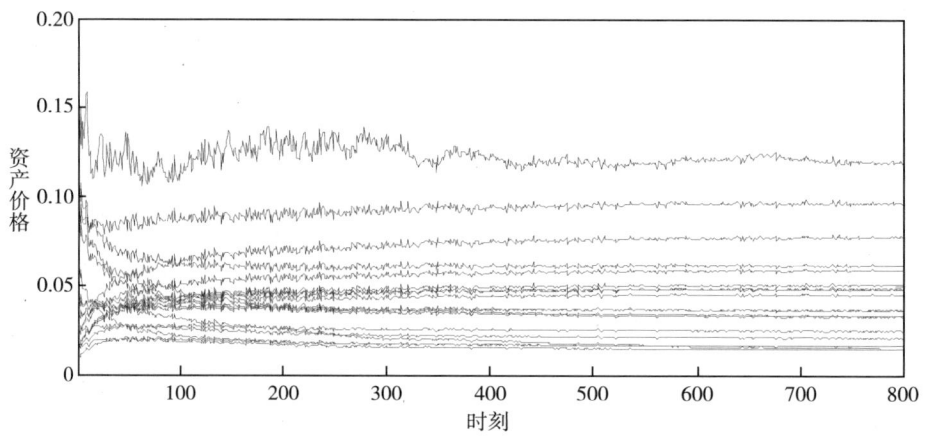

图 9-4　相同初始财富时股票相对价格的演化过程

我们在时间区间 [0，5000] 再次对图 9-4 进行模拟。比较时刻 5000 的相对价格、时间区间 [1000，5000] 的相对价格均值和 0.9 倍策略 1（因为消费了 0.1，所以用于投资的比例只有 0.9），三者的值非常接近。时间区间 [1000，5000] 相对价格均值减去 0.9 倍策略 1 的绝对值最大仅为 0.0007，时刻 5000 的相对价格减去 0.9 倍策略 1 的绝对值最大也仅为 0.0004。即当 t 足够大时，$p_t^k \approx \lambda_k^i$。这一结果验证了 Blume 和 Easley（1992）[101]研究中的性质之一。又因为策略 1 的投资比例等于股票相对股息的数学期望，当假设消费品价格为 1 时，我们进一步验证了杨招军、秦国文（2005）[110]的结论：金融资产

（股票）的公平价格等于未来股息收益流的贴现值的数学期望。另外，模拟结果还得出时间区间 [1000, 5000] 的股票价格方差非常小，最大的为 6.473×10^{-7}，这也说明了股票相对价格趋于某一定值。

由前面式（9-3）、式（9-4）可得股票的实际价格：

$$\rho_{t+1}^k = p_{t+1}^k W_{t+1} = \frac{p_{t+1}^k D(\omega_z)}{\lambda_0} \qquad (9-9)$$

此等式意味着当股票相对价格趋于一定值时，股票实际价格只依赖于当时的总财富。所以，股票的实际价格与当时的市场财富是一一对应的，且同步增长。它表明投入股市的资金越多，股票价格越高，这些结论与经济学常识是一致的。

图9-5给出了在策略1的初始财富份额仅为1%的情况下，各种策略所控制的财富份额的演化过程。可以得出，策略1在时刻100的财富份额为0.167，在时刻200增加至0.4094，在时刻300达到0.6417，在时刻800时的财富份额（0.9445）趋近于1。策略2、策略4在时间区间 [0, 60] 的财富份额增长很快，约在时刻60时财富份额就开始减少，渐渐趋近于零。其余策略的财富份额一直减少，很快趋近于零。这说明了一种进化金融现象：进化稳定策略控制的财富不是任何时候都是增长最快的，甚至还会减少，但只要其初始财富大于零，最终它将控制整个市场财富，而其他策略虽然可能在短时期内增加自己的财富，但从长远来看，其最终的财富份额趋于零，从而被市场所淘汰。

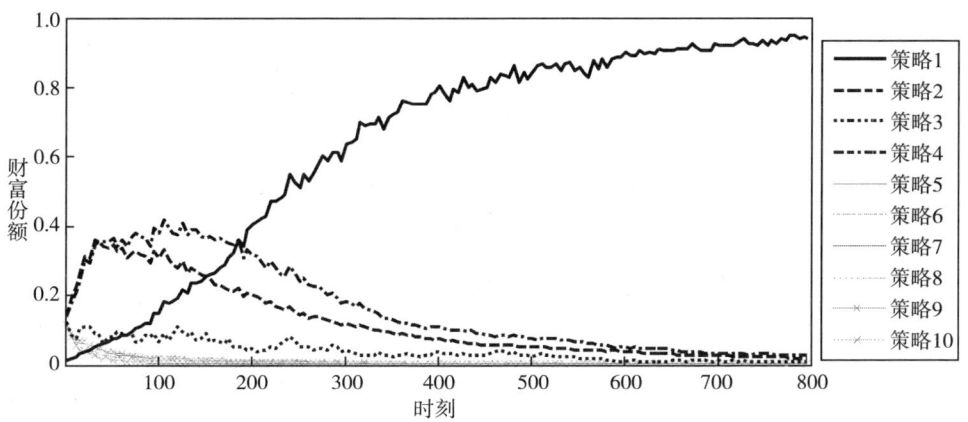

图9-5 不同初始财富时财富份额的演化过程

与图 9-3 相比，图 9-6 增加了噪声交易策略（Noise），噪声交易策略即在每个时期投资于某种资产的比例是随机的，只要满足投资于每种资产的比例之和为 1 即可。从图 9-6 可以看出，噪声交易策略虽然初始财富占总财富的一半，但之后所控制的财富份额下降非常快。再比较图 9-3 和图 9-6，除了噪声交易策略之外，其他策略财富份额的演化过程基本一致。

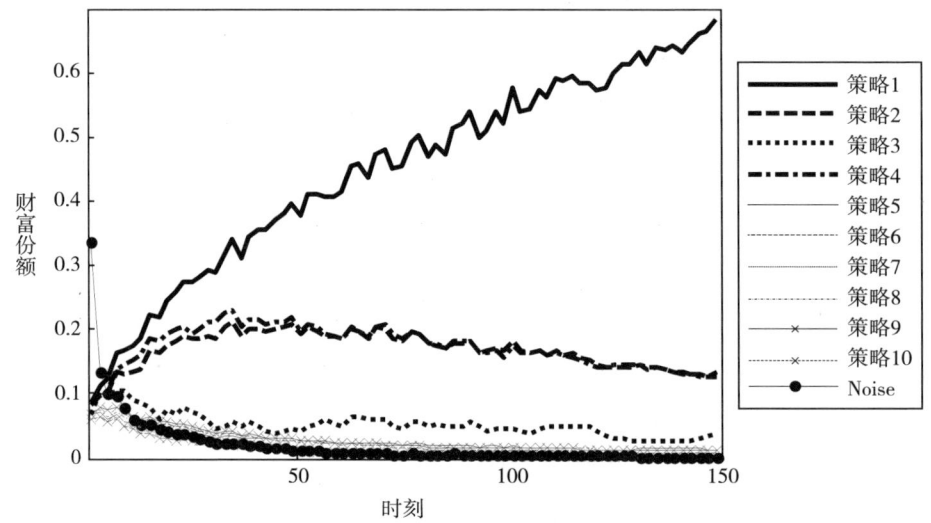

图 9-6 有 Noise 策略时财富份额图的演化过程

图 9-7 是股票相对价格随着图 9-6 财富份额的演化而演化的动态过程。可以看出，在增加噪声交易策略的情况下，股票相对价格最终也是稳定于某一值。并且通过模拟计算出股票相对价格分别随图 9-3、图 9-5、图 9-6 的财富份额演化而演化的具体数据（见表 9-11），每只股票相对价格在时间区间 [1000, 5000] 的均值基本一致。但在初始阶段（见图 9-8）存在不同的情况，有噪声交易策略时股票相对价格波动比较大，而没有噪声交易策略时股票相对价格比较平稳。

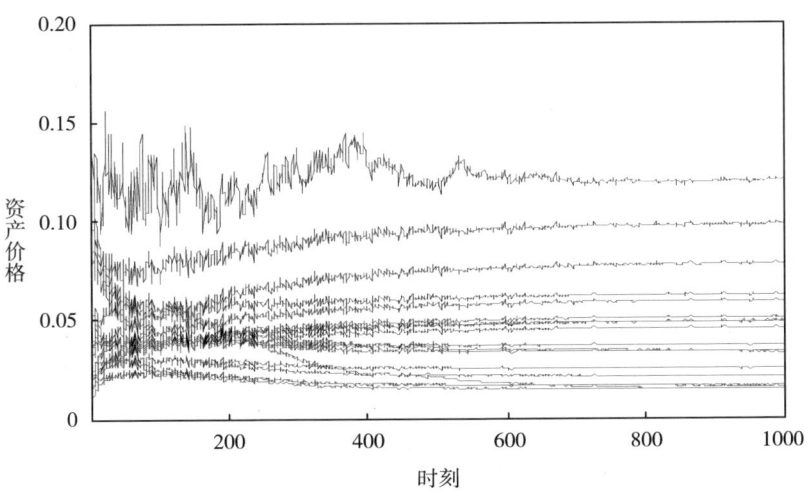

图 9-7 有 Noise 策略时股票相对价格的演化过程

表 9-11 随图 9-3、图 9-5、图 9-6 的财富份额演化而演化的股票相对价格

相对价格	股票 1	股票 2	股票 3	股票 4	股票 5	股票 6	股票 7	股票 8	股票 9	股票 10
图 9-3	0.0127	0.0508	0.0487	0.0483	0.0453	0.0980	0.0320	0.0617	0.0484	0.1219
图 9-5	0.0128	0.0509	0.0487	0.0484	0.0453	0.0980	0.0319	0.0617	0.0484	0.1216
图 9-6	0.0128	0.0510	0.0489	0.0485	0.0455	0.0981	0.0319	0.0617	0.0486	0.1202
相对价格	股票 11	股票 12	股票 13	股票 14	股票 15	股票 16	股票 17	股票 18	股票 19	股票 20
图 9-3	0.0784	0.0138	0.0592	0.0156	0.0155	0.0363	0.0327	0.0360	0.0203	0.0243
图 9-5	0.0784	0.0138	0.0592	0.0156	0.0155	0.0363	0.0326	0.0360	0.0203	0.0243
图 9-6	0.0787	0.0139	0.0594	0.0157	0.0156	0.0364	0.0324	0.0361	0.0203	0.0244

下面分析初始财富相同的情况下，不同消费比例对应的各种策略的财富份额演化规律。从图 9-9 可以看出，消费比例越大，策略 1 的财富份额增长越快，其他策略的财富份额减少也越快；消费比例越小，策略 1 的财富份额增长越慢，其他策略的财富份额减少也越慢。我们还可以从表 9-12 中看出不同消费比例策略 1 分别对应的财富份额的准确数据，很明显相同时期消费比例高的财富份额要比消费比例低的大。这表明：消费比例越大，市场进化的速度越

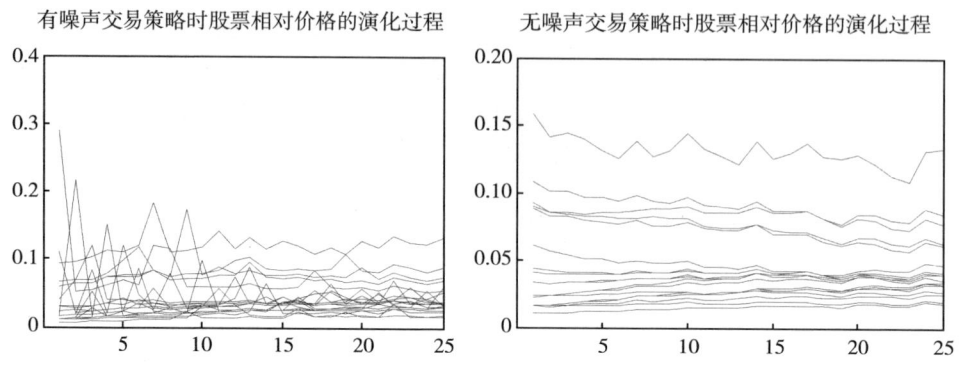

图 9-8 有无噪声交易策略两种情况下股票相对价格的演化过程

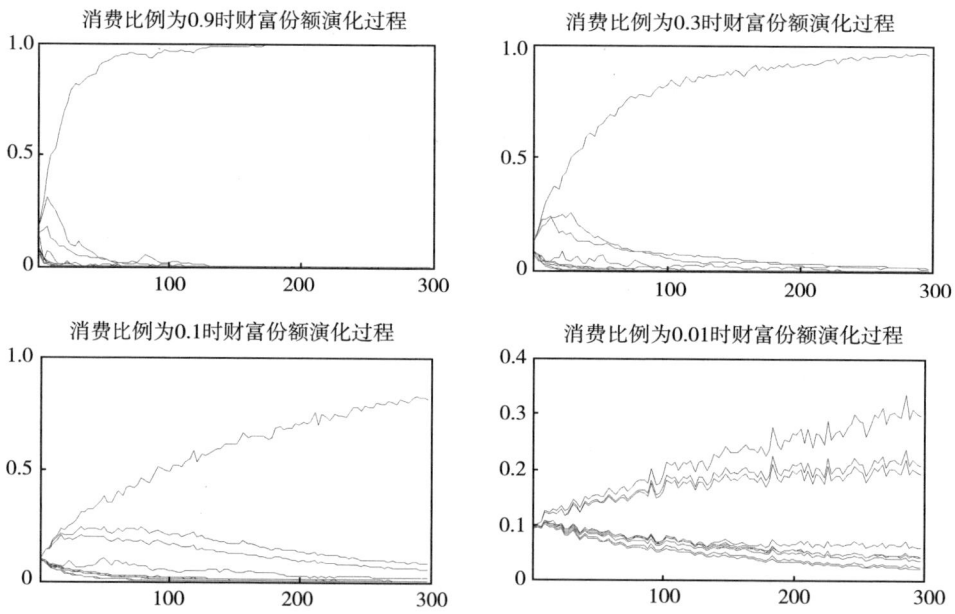

图 9-9 相同初始财富条件下的不同消费比例的财富份额演化过程

注：图中最上面的实线均为策略 1 的财富份额演化路径。

快，进化稳定策略的财富份额越趋近于 1，其他策略的财富份额越快趋近于零。从定性角度来看，假设市场上有资金 100 万元，平均分配于十个投资者。当消费比例为 0.1 时，每个投资者用于投资的资金为 9 万元，下一时期投资者资金每增加（减少）1 万元，其对应的财富份额就增加（减少）1/90；而当消费比例为 0.9 时，每个投资者用于投资的资金为 1 万元，则下一时期投资者资金每增加（减少）1 万元，其对应的财富份额就增加（减少）1/10。即财富改变量所对应的财富份额改变量与消费比例正相关，这和我们模拟的结果一致，也符合经济学常识。因为消费总量等于股息总量，所以消费比例越大，股息总量的价值越大，从而股息的市场选择作用越大，于是，按照股息分配投资比例的策略越具有优势（越有竞争力），也就越能迅速占有整个资本市场，或者说，市场收敛的速度越快。

表 9-12   不同消费比例所对应的策略 1 财富份额

财富份额	时刻 10	时刻 50	时刻 100	时刻 150	时刻 200	时刻 250	时刻 300
消费比例为 0.01	0.1086	0.1590	0.2095	0.2135	0.2596	0.2754	0.2838
消费比例为 0.1	0.1814	0.3933	0.5396	0.6582	0.7485	0.7996	0.8593
消费比例为 0.3	0.3209	0.7547	0.8601	0.9378	0.9674	0.9812	0.9872
消费比例为 0.9	0.4630	0.8557	0.9730	0.9601	0.9785	0.9904	0.9952

另外，我们还对不同初始财富份额的情况进行模拟，得到同样的结果。截至目前，关于市场进化速度理论还没有给出严格的数学证明，但通过模拟和定性分析初步地验证了其正确性。

（三）对外汇储备股权类资产调整的启示

通过模拟计算可以看出，各种策略在争夺市场财富的过程中，进化稳定策略最终控制整个市场财富，且消费比例越高，最终控制整个市场财富所需要的时间越短。相应地，各种资产的相对价格趋于资产相对股息的数学期望。

值得注意的是，进化金融模型考虑的是投资类，因此，本书对单个投资者具有指导作用的同时，尤其对控制着巨大资金的机构投资者具有直接的参考意义。例如，不妨假设某机构投资者选定 20 只股票进行投资，那么他的投资比例就应该等于或尽可能接近于股票相对股息的平均值。他不能简单地平均分配财富于每一只股票，也不能只投资于少数股票（这样风险很大），更不能把所有的资金投资于当时收益率最高的某只股票。就像策略 3 一样，把全部财富都投资于相对股息平均值最高的股票 10 股份，从模拟结果看出，策略 3 最终失去了它所有最初投入的财富，从而被市场所淘汰。

我们还可以从表 9-12 中看出，当消费比例为 0.01 时，采取进化稳定策略的某机构投资者经过 5 年可以控制整个市场财富的 10.86%，经过 25 年增长至 15.9%，经过 50 年达到 20.95%；当消费比例为 0.1 时，经过 5 年时间控制整个市场财富的比例为 18.14%，25 年就达到了 39.33%，经过 50 年高达 53.96%。

随着消费比例的增大，进化稳定策略控制市场财富的速度将更快。这对于那些短期投机者或短期投资者来说可能时间太长，但对于我国巨额外汇储备投资的确是一个重要的启示。

第四节　本章小结

本章从币种结构调整策略、债权类资产调整策略和股权类资产调整策略三方面来探讨分析我国外汇储备币种结构调整问题。在币种结构方面，由于我国外汇储备规模巨大且国际金融市场动荡加剧，建议放弃纯粹的消极多元化调整策略，灵活运用积极多元化和稳定多元化策略对我国外汇储备币种结构进行调整。

在债权类资产结构调整方面，由于短期债券的收益率处于历史最低位，为我们提供减持短期债券的最好时机。美国长期债券收益率处于高位，但如果在未来收益率下降，也就是我们减持长期债券的时候了。

在股权类资产结构调整方面，我们运用进化金融理论思想对其进行分析，建议在投资股权类资产时按其相对收益率进行比例投资，而不能看到哪家公司收益好就把资金大量投入，这样会使财富遭受损失。例如，2008 年 7 月中钢集团以 13.6 亿澳元的价格收购澳大利亚 Midwest Corporatio 97% 的股权，2008 年 9 月 26 日中石化集团以 19 亿加元按每股 31.5 加元收购加拿大公司 Tanganyika Oil 全部股票，紫金矿业和建设于 2007 年 3 月以 14 亿人民币现金要约收购英国蒙特瑞科公司（Monterrico）89.9% 股权等，就像策略 3 一样把所有的资金投资于当时收益率最高的某只股票，是不合理的。

结　论

本书对外汇储备币种结构估计、优化配置及调整策略这一完整流程进行了系统研究，主要结论如下：

第一，假设外汇储备规模的变化将影响国家外汇储备资产投资的风险选择，为此，用三次效用函数刻画外汇储备在安全性、流动性和收益性三原则之间的权衡关系，建立了基于效用最大化下外汇储备币种结构的理论模型，并利用真实数据进行实证分析，得出的结论有：①从长期来看，欧元收益率和美元收益率对提高各自货币在外汇储备中的比重具有显著正影响。②储备货币收益率三阶矩对储备货币比重具有正面作用。通过运用"多元时序和滞后协整混合模型"，分析欧美比、美元收益率、欧元收益率及其方差和三阶矩之间存在的关系，结果表明欧元收益率三阶矩对欧元在外汇储备中的比重具有正面作用，这说明正的偏度是令投资者满意的，因为增大三阶矩可以在降低大规模负收益概率的同时增加大规模正收益的概率。③从总体来看，外汇储备投资是风险规避的。现实中大部分国家（特别是发展中国家）的外汇储备都是投资于安全性有保障的国债或政府机构债券就是最好的说明。

第二，我国外汇管理局和中国人民银行定期发布外汇储备余额的数据，但并没有披露外汇储备的具体构成。所以对于我国学者来说，研究外汇储备币种结构缺乏数据的支持。为此，本书在借鉴盛柳刚、赵洪岩（2007）的模型与方法的基础之上，进行了一定拓展，并利用2000～2009年的季度数据，在外汇储备包含储备货币数量不同的四种假设下对我国外汇储备币种结构进行估计。在四种情况中，总体上来看，欧元比例是上升的，美元、英镑和日元比例是下降的，但美元仍然占主导地位。导致这些币种结构变化的，不仅有货币数量的变化，也有货币汇率的变动引起的变化。例如，在第六章中假设外汇储备只包含美元和欧元两种货币时，2002年第三季度后欧元比例变化中，汇率变化贡献了总变化的39.43%，其余60.57%是由于我国货币当局增持欧元资产导致的。

第三，在 Ramaswamy（1999）研究的基础之上，借鉴模糊数学满意度概念，建立了外汇储备币种结构选择的一般最优化模型。由于收益率和储备货币的满意度在实际中具有很大的主观性，很难对之准确量化，只能根据不同的情况来对隶属函数参数进行估计，再根据估计出来的参数在不同汇率路径假设下模拟计算外汇储备币种结构，并通过分析收益率隶属函数参数和利率对储备币种结构的影响发现：当 p-min（美元）或 p-min（欧元）逐渐增大时，都将减少日元的比重，而增大美元、欧元和英镑的比重；当 p-min（人民币）逐渐增大时，减少英镑和日元的比重，而美元和欧元的比重上升。另外，当分别提高美元利率、欧元利率和英镑利率时，储备货币比重的变化是：分别提高本货币的比重而降低除本货币之外的其他三种货币的比重；与前面不同的是，当提高日元的利率时，不仅增大日元的比重，还增大英镑的比重，而美元和欧元的比重下降；最后，提高人民币利率对储备货币的比重没有任何影响。

第四，借鉴 Markowitz 基本均值方差模型的思想，建立了基于双投资基准和多风险制度的投资组合模型，并运用此模型对我国外汇储备币种结构优化配置进行了实证研究，我们发现：①在现实的外汇储备管理实践中，当所有情况下风险回避意识不变时，在国家高度关注外汇储备的安全性而忽略收益性的情况下，我们应该多投资于日元和少量英镑；在国家关注外汇储备的安全性而又适当地重视收益性的情况下，我们应该多投资于美元和欧元；在国家高度重视收益性的情况下，我们建议多投资于欧元和少量英镑。另外，假如是处在一般的市场环境下，如果经济趋向更好的方向发展，我们应该增大美元和日元的比重，减少欧元和英镑比重；相反，如果经济趋向坏的方向发展（如金融危机），我们采取的措施则也相反，即减少美元和日元的比重，调高欧元和英镑的比重。②当风险回避意识随着投资基准变化时，我们的结论和建议是：如果国家的风险回避意识很弱，建议多投资于美元和英镑；如果国家的风险回避意识很强，投资以美元为主，欧元和日元次之，英镑的比重最低，且可以大概推出比重区间：美元为36%～46%、欧元为23%～31%、日元为16%～27%、英镑为6%～12%。

第五，在得出我国外汇储备币种结构的现实估计和最优币种结构的基础上，提出了怎样实现外汇储备最优币种结构的调整策略。外汇储备结构包括币种结构和资产结构，外汇储备资产种类大体分为债权类资产和股权类资产。所以，我们从币种结构调整、债权类资产结构调整和股权类资产结构调整三个方面具体分析和探讨外汇储备结构调整问题。在币种结构方面，由于我国外汇储备规模巨大及国际金融市场动荡加剧，建议放弃纯粹的消极多元化调整策略，灵活运用积极多元化和稳定多元化策略对我国外汇储备币种结构进行调整；在债权类资产结构调整方面，由于短期债券的收益率处于历史最低位，为我们提供减持短期债券的最好时机。美国长期债券收益率处于高位，但如果在未来收益率下降，也就是我们减持长期债券的时候了；在股权类资产结构调整方面，我们运用进化金融理论思想对其进行分析，建议在投资股权类资产时按其相对收益率进行比例投资，而不能看到哪家公司收益好就把资金大量投入，这样会使财富遭受损失。例如，2008年7月中钢集团以13.6亿澳元的价格收购澳大利亚Midwest Corporatio 97%的股权，2008年9月26日中石化集团以19亿加元按每股31.5加元收购加拿大公司Tanganyika Oil全部股票，紫金矿业和建发于2007年3月以14亿元人民币现金要约收购英国蒙特瑞科公司（Monterrico）89.9%股权等，就像第九章中的策略3一样把所有的资金投资于当时收益率最高的某只股票，是不合理的。

当然，外汇储备结构问题研究涉及的方面太广，限于本人的学术能力和精力，不可能在有限的篇幅内对这个问题进行全面、透彻的分析。因此，本书遗留了以下问题，有待进一步解决：①我国外汇管理局和中国人民银行定期发布外汇储备余额的数据，但并没有披露外汇储备的具体构成。对于我国学者来说，研究外汇储备币种结构缺乏数据的支持，所以只能用近似或模拟数据来代替。②在构建外汇储备币种结构模型时，考虑到了外汇储备风险收益性、外债支付、贸易结构匹配等因素,但没有将国家政治、自然灾害、战争等非量化因素纳入框架。这些问题都有待今后开展进一步的研究。③总体而言,在我国,对于外汇储备风险管理的研究(包括币种结构问题)才刚刚起步,许多现代风险管理技术尚未应用到外汇储备风险管理上,如基于 Black Scholes 模型上的衍生工具、VaR 及其拓展模型等风险管理理论与技术方法等,这有待于学术界和实务界的共同努力。

附 录 资产的股息数据

股票1	股票2	股票3	股票4	股票5	股票6	股票7	股票8	股票9	股票10
0.2388	0.0287	0.2191	0.5784	0.1985	0.0433	0.3155	0.0405	0.0602	0.0351
0.4761	0.4860	0.5308	0.2079	0.5543	0.2082	0.5953	0.2768	0.8241	0.3622
0.5311	0.4811	0.9571	0.3844	0.8791	0.4037	0.7122	0.3038	0.6362	0.2533
0.1812	0.1527	0.3541	0.4614	0.6325	0.4064	0.6586	0.1713	0.4554	0.1983
0.2666	0.1955	0.7875	0.3007	0.3682	0.3789	0.6718	0.3389	0.6753	0.2496
0.5563	0.7137	1.2565	0.6346	0.9683	0.8339	3.3708	0.6745	1.0905	0.5714
0.2003	0.2288	0.4526	0.2329	0.3418	0.1894	0.2346	0.2394	0.6862	0.2207
0.2278	0.1736	0.2723	0.3330	0.4261	0.3267	0.6197	0.3658	0.6732	0.6641
0.0795	0.1062	0.1377	0.0353	1.6969	0.0619	0.1233	0.0593	0.0955	0.0127
0.4585	0.3425	0.4411	0.3011	0.4688	0.4719	0.8020	0.4428	0.7693	1.2876
0.9698	0.5121	1.3278	0.6200	1.2014	0.4169	1.2427	0.6930	0.8918	0.4924
0.3120	0.2115	0.5382	0.0806	0.2291	0.0283	0.0586	0.0074	0.0043	0.0501
0.3954	0.4078	0.7457	0.4051	0.8113	0.3874	0.7543	0.3338	0.6779	0.2996
0.1634	0.0447	0.2146	0.0236	0.0666	0.0210	0.0907	0.1357	0.0355	0.0127
0.0796	0.0155	0.0482	0.0468	0.0893	0.0605	0.1064	0.0837	0.1686	0.1215
0.1488	0.1499	0.3427	0.0353	0.2643	0.0203	0.0012	0.1708	0.1409	0.3607
0.2350	0.2365	0.5565	0.1772	0.4193	0.1429	0.3857	0.1616	0.5130	0.1735
0.2005	0.2346	0.3949	0.3258	0.3041	0.1847	0.3824	0.1757	0.3116	0.2190
0.0702	0.0514	0.0680	0.0363	0.0678	0.0444	0.0867	0.0714	0.1550	0.0440
0.0074	0.0177	0.0204	0.0685	0.0635	0.0904	0.1644	0.0891	0.1418	0.1234

续表

股票 11	股票 12	股票 13	股票 14	股票 15	股票 16	股票 17	股票 18	股票 19	股票 20
0.0539	0.0143	0.0512	0.0028	0.0131	0.0022	0.0251	0.0014	0.0302	0.0365
0.7954	0.2300	0.6120	0.2218	0.5254	0.2451	0.5057	0.2553	0.5555	0.6281
0.4398	0.1877	0.3250	0.2234	0.2688	0.2657	0.3806	0.1591	0.2847	0.2704
0.3394	0.3582	0.6065	0.3042	0.5886	0.4072	0.5756	0.4588	0.5552	0.7220
0.5146	0.1532	0.6319	0.2231	0.4236	0.2588	0.4237	0.1886	0.8872	0.2722
0.9617	0.5215	0.8742	0.4983	0.7569	0.4920	0.6908	0.4542	0.5887	0.7782
0.4152	0.1084	0.2353	0.0805	0.1785	0.3392	0.2461	0.0981	0.3428	0.3712
1.1257	0.4127	0.8894	0.4302	0.8615	0.3780	0.7995	0.4542	0.7682	0.6542
0.0516	0.1406	0.1511	0.2568	0.2869	0.4853	1.1708	0.8462	1.9944	2.4273
1.0737	1.5108	2.0981	1.1992	1.6395	0.9299	2.5433	1.0088	2.1225	1.6165
0.8592	0.3457	0.6691	0.3419	0.5248	0.1890	0.4734	0.5829	0.4468	0.8356
0.0537	0.0456	0.0548	0.0396	0.0787	0.0457	0.1677	0.0369	0.1825	0.3214
0.5859	0.3740	0.5279	0.3700	0.6788	0.3470	0.6338	0.3820	0.5923	0.7692
0.0229	0.0671	0.0316	0.0831	0.0391	0.0529	0.0608	0.0228	0.0974	0.0815
0.2025	0.1235	0.2489	0.0802	0.2048	0.1252	0.2503	0.1551	0.3114	0.3733
0.5374	0.5410	0.5407	1.0429	1.1216	0.0171	0.2836	0.0136	0.2344	0.4008
0.5412	0.2498	0.5773	0.0899	0.3917	0.1306	0.2992	0.0542	0.2085	0.2414
0.2714	0.2229	0.6749	0.2513	0.3855	0.2161	0.4043	0.2421	0.5098	0.4546
0.1464	0.1280	0.1874	0.2010	0.1720	0.2975	0.5342	0.2383	0.5385	0.7187
0.1609	0.2230	0.2960	0.1761	0.4935	0.4201	0.3110	0.3770	0.4765	0.7196

参考文献

[1] Rodrik P. The Social Cost of Foreign Exchange Reserves [Z]. NBER Working Paper, No. 11952, 2006 (2): 1-14.

[2] 李振勤, 孙瑜. 中国外汇储备组合的组成与出路 [J]. 凤凰周刊, 2003 (10): 15-19.

[3] H. R. Heller, M. Knight. Reserve-currency Preferences of Central Banks [J]. Essays in International Finance, 1978, 131 (10): 1-23.

[4] Markowitz H. M. Portfolio Selection [J]. Journal of Finance, 1952, 7 (1): 77-91.

[5] Michael P. Dooley et al. The Currency Composition of Foreign Exchange Reserves [J]. IMF Staff Papers, 1989, 36 (2): 385-434.

[6] Eichengreen. The Euro as a Reserve Currency [J]. Journal of the Japanese and International Economies, 1998 (12): 483-506.

[7] Eichengreen B. Mathieson, D. J. The Currency Composition of Foreign Exchange Reserves: Retrospect and Prospect [Z]. IMF Working Paper, 2000 (131): 1-35.

[8] Chinn, Menzie, Frankel, Jeffrey. Will the Euro Eventually Surpass the Dollar as Leading International Reserve Currency? [A] //Richard Clarida. Forthcoming in G7 Current Account Imbalances: Sustainability and Adjustment [M]. Chicago: The University of Chicago Press, 2005: 26-35.

[9] Pringle Robert, Carver Nick. How Countries Manage Reserve Assets [A] //Robert Pringle and Nick Carver. How Countries Manage Reserve Assets

[M]. London: Central Banking Publications, 2003: 22-32.

[10] Pringle Robert, Carver Nick. Trends in Reserve Management – Survey Results [A] //Robert Pringle and Nick Carver. Reserve Management Trends [M]. London: Central Banking Publications, 2005: 14-19.

[11] Avraham BEN-BASSAT. The Optimal Composition of Foreign Exchange Reserves [J]. Journal of International Economics, 1980 (10): 285-295.

[12] Dellas Harris, Bang Yoo, Chin. Reserve Currency Preferences of Central Banks: The Case of Korea [J]. Journal of International Money and Finance, 1991 (10): 406-419.

[13] Eelias Papaioannou, Gregorios Siourounis. Optimal Currency Shares in International Reserves: The Impact of the Euro [Z]. NBER Working Paper, 2006, 12333 (5): 1-55.

[14] Wu Yi. A Study on Foreign Reserve Management of China: Optimal Currency Shares in Reserve Assets [J]. International Management Review, 2007, 3 (4): 69-79.

[15] Roland Beck, Ebrahim Rahbari. Optimal Reserve Composition in the Presence of Sudden Stops [Z]. Working Paper Series, 2008, 916 (6): 1-43.

[16] Reddy, Yaga Venugopal. Reserve Management at the Reserve Bank of India [A] //Robert Pringle and Nick Carver. How Countries Manage Reserve Assets [M]. London: Central Banking Publications, 2003: 1-9.

[17] De Leon, Jacobo. How the Bank of Canada Manages Reserves [A] //Robert Pringle and Nick Carver. How Countries Manage Reserve Assets [M]. London: Central Banking Publications, 2003: 13-24.

[18] Roger, Scott. The Management of Foreign Exchange Reserves [Z]. BIS Economic Paper, 1993, 38 (7): 7-21.

[19] Ramaswamy S. Reserve Currency Allocation: An Alternative Methodology [Z]. BIS Working Paper, 1999 (72): 1-19.

[20] Ramaswamy S. Setting Counterparty Credit Limits for the Reserves Portfolio [J]. Risk Management for Central Bank Foreign Reserves, 2003: 181-199.

[21] Scherer A. B. Gintschel. Currency Reserve Management [A] //Dual Benchmark Optimization. F. Diebold et al. Risk Management for Central Bank Foreign Reserves [Z]. European Central Bank, 2004: 137-150.

[22] 易江, 李楚霖. 外汇储备最优组合的方法 [J]. 预测, 1997 (2): 57-60.

[23] 陈建国, 谭戈. 国际储备结构的决定: 均值—方差方法 [J]. 广东金融, 1999 (8): 15-17.

[24] 马杰, 任若恩, 沈沛龙. 外汇储备结构调整的非线性规划数学模型 [J]. 信息与控制, 2001, 30 (4): 353-355.

[25] 朱淑珍. 中国外汇储备的投资组合风险与收益分析 [J]. 上海金融, 2002 (7): 26-28.

[26] 滕昕, 李树民. 我国外汇储备结构特征分析 [J]. 商业时代, 2006 (32): 58-59.

[27] 黄金, 周锐. 我国高额外汇储备的汇率风险与防范措施 [J]. 财经界, 2007 (5): 104-105.

[28] 金艳平, 唐国兴. 我国外汇储备币种结构探讨 [J]. 上海金融, 1997 (5): 12-14.

[29] 金发奇, 姜永凤. 我国外汇储备的币种结构管理研究 [J]. 甘肃省经济管理干部学院学报, 2008, 21 (1): 38-40.

[30] 宋铁波, 陈建国. 当前我国外汇储备币种组合分析 [J]. 南方金融, 2001 (4): 11-13.

[31] 刘志雄. 中国外汇储备币种结构的构建 [J]. 广西财经学院学报, 2006, 19 (2): 73-77.

[32] 张文政, 许婕颖. 试论我国外汇储备币种结构 [J]. 商场现代化, 2005 (4): 360-361.

[33] 邵新力, 李蕾蕾. 我国外汇储备货币组合的实证分析 [J]. 海南金融, 2007 (9): 4-14.

[34] 许承明. 世界外汇储备结构变化的原因分析 [J]. 世界经济文汇, 2001 (4): 33-36.

[35] 许承明. 中国的外汇储备问题 [M]. 北京: 中国统计出版社, 2003.

[36] 盛柳刚, 赵洪岩. 外汇储备收益率、币种结构和热钱 [J]. 经济学季刊, 2007, 6 (4): 1255-1276.

[37] 刘莉亚. 我国外汇储备币种结构与收益率的一个估计 [J]. 财经研究, 2008, 34 (7): 121-132.

[38] 邹全胜. 国际货币兑换模型与中国外汇储备结构 [J]. 国际贸易问题, 2005 (10): 112-116.

[39] 王国林, 牛晓健. 外汇储备币种结构分析 [J]. 上海金融, 2006 (9): 52-53.

[40] 杨胜刚, 谭卓. 基于层次分析法的中国外汇储备货币结构管理研究 [J]. 财经理论与实践, 2007, 28 (147): 2-7.

[41] 杨胜刚, 龙张红, 陈珂. 基于双基准与多风险制度下的中国外汇储备币种结构配置研究 [J]. 国际金融研究, 2008 (12): 49-56.

[42] 杨胜刚, 龙张红. 中国外汇储备币种结构及其风险控制 [J]. 中国金融学, 2008, 15 (2): 130-142.

[43] 杨胜刚, 龙张红. 基于模糊决策理论的中国外汇储备币种结构研究 [J]. 财经理论与实践, 2009, 159 (30): 8-13.

[44] 奚君羊. 多种货币储备体系的缺陷及其矫正 [J]. 财经研究, 1999 (5): 11-17.

[45] 奚君羊. 国际储备研究 [M]. 北京: 中国金融出版社, 2000.

[46] 王珍, 刘建慧. 欧元对国际货币体系的影响 [J]. 中国金融, 2004 (1): 60-61.

[47] 者贵昌. 中国国际储备的分析与研究 [J]. 国际金融研究, 2005 (5): 56-61.

[48] 张明, 何帆. 美元贬值背景下外汇储备的结构调整 [J]. 中国金融, 2006 (20): 63-64.

[49] 李成, 杜志斌. 我国外汇储备币种结构的风险分析 [J]. 新金融, 2006 (5): 23-24.

[50] 王凌云. 外汇储备币种结构管理：基本理论、国际经验及对中国的启示 [J]. 经济社会体制比较, 2007 (3): 72-76.

[51] 马建会. 对当前我国外汇储备基金实现投资增值的思考 [J]. 财经科学, 2007 (5): 19-24.

[52] 刘攀, 朱俊波. 中国高额外汇储备管理及其币种结构研究 [A] // 第四界中国国际金融年会论文集 [M]. 长沙: 湖南大学出版社, 2007.

[53] 郭晓峰. 中国外汇储备结构管理之探讨 [J]. 甘肃联合大学学报, 2006, 22 (6): 60-62.

[54] 王年咏. 中国外汇储备结构优化的悖论困境 [J]. 经济管理, 2006 (20): 67-70.

[55] 吴治成, 念双艳. 论我国外汇储备币种结构多元化 [J]. 哈尔滨金融高等专科学校学报, 2007 (1): 30-31.

[56] 李辉. 对提高我国外汇储备结构管理水平的探讨 [J]. 当代经济, 2008 (4): 88-89.

[57] 外汇管理局. 外汇管理概览（第六章）[EB/OL]. http://www.safe.gov.cn/model safe/zssk/ zssk_list.jsp?id=6&ID=150900000000000000, 2009-12.

[58] 董登新. 解读中国外汇储备 [J]. 经济管理文摘, 2006 (5): 42-45.

[59] 2006~2008年国际收支报告 [EB/OL]. 国家外汇管理局网站, www.safe.gov.cn/model_safe/tjsj/tjsj_list.jsp?ct_name=中国国际收支报告&id=5&ID=110700000000000000.

[60] 张建军. 外商直接投资对我国外汇储备增长的实证分析 [J]. 大众科技, 2008 (4): 209-214.

[61] 林静兰. 我国外汇储备动态管理问题研究——适度规模与币种结构 [D]. 苏州: 苏州大学硕士学位论文, 2007.

[62] 李向科, 丁庭栋. 数理金融学 [M]. 北京: 北京大学出版社, 2008.

[63] 马之騆. 发展中国家国际储备需求研究 [M]. 上海: 华东师范大学出版社, 1992.

[64] J. H. Makin. Swaps and Roosa Bonds as an Index of the Cost of Cooperation in the Crisis Zone [J]. Quart. J. Econ, 1971, 85 (5): 349-356.

［65］Pornchai C., Krishnan D., Shahid H. Portfolio Selection and Skewness: Evidence from International Stock Markets［J］. Journal of Banking and Finance, 1997 (21): 143-167.

［66］Simkowitz M., Beedles W. Diversification in a Three Moment World［J］. Journal of Finance and Quantitative Analysis, 1978 (13): 927-941.

［67］Levyh A. Utility Function Depending on the First Three Moments: Comment［J］. Journal of Finance, 1969, 24 (4): 715-719.

［68］Dickey D. A. Fuller W. A. Likelihood Ratio Statistic for Autoregressive Times Series with a Unit Root［J］. Econometrica, 1981 (49): 143-159.

［69］Johansen S. Estimation and Hypothesis Testing of Cointegration Vectors in Gaussian Vector Autoregrissive Models［J］. Econometrica, 1991, 59 (6): 1551-1580.

［70］Sims, Christopher. Macroeconomics and Reality［J］. Econometrica, 1980, 48 (1): 161-200.

［71］特伦斯·米尔斯. 金融时间序列的经济计量学模型［M］. 北京: 经济科学出版社, 2002: 34-88.

［72］王红, 童恒庆. 多元时序和滞后协整混合模型［J］. 统计与决策, 2008 (19): 24-26.

［73］Brown R., Durbin J. Methods of Investigating Whether a Regression Relationship is Constant over Time［A］//Selected Statistical Papers, European Meeting, Mathematical Center Tracts［M］. Amsterdam: Amsterdam Mathematisch Centrum, 1968: 26.

［74］Brown R. J., Durbin J. Evans. Techniques for Testing the Constancy of Regression Relationships over Time［J］. Journal of the Royal Statistical Society, Series B (Methodological), 1975, 37 (2): 149-192.

［75］Galpin J., D. Hawkins. The Use of Recursive Residuals in Checking Model Fit in Linear Regression［J］. The American Statistician, 1984, 38 (2): 94-105.

［76］Kianifard F., W. Swallow. A Review of the Development and Application of Recursive Residuals in Linear Models [J]. Journal of the American Statistical Association, 1996, 433 (91): 391-400.

[77] 高铁梅. 计量经济分析方法与建模 [M]. 北京: 清华大学出版社, 2007.

[78] Perron P. The Great Crash, the Oil Price Shock, and the Unit Root Hypothesis [J]. Econometrica, 1989, 57 (6): 1361-1401.

[79] 赵洪岩. 中国外汇储备收益率与欧元资产所占比例分析 [J]. CCER 中国经济观察, 2006 (2): 38-46.

[80] 鄂永健, 丁剑平. 人民币汇率购买力平价的面板数据协整检验——基于与发达国家货币和发展中国家货币之间的比较研究 [J]. 世界经济文汇, 2006 (6): 47-55.

[81] 邱冬阳. 人民币购买力平价——1997~2005 年数据的协整分析 [J]. 经济研究, 2006 (5): 31-40.

[82] Press H. P., Teukolsky S. A., Vetterling W. T., et al. Numerical Recipes in C [M]. Cambridge: Cambridge University Press, 1992: 345-367.

[83] Wang M. Multiple-Benchmark and Multiple Portfolio Optimization [J]. Financial Analysts Journal, 1999 (55): 63-72.

[84] 盛骤, 谢式千等. 概率论与数理统计 [M]. 北京: 高等教育出版社, 2001.

[85] 意大利央行大幅调整外汇储备结构英镑成最受益币种 [EB/OL]. www.2rich.net/2rich _ news/ContentHtml/20060803/200608031508131170.htm, 2006-08-03.

[86] 俄罗斯将增加日圆等外汇储备币种 [EB/OL]. 财华网, http://www.hk.jrj.com.cn/2006/10/16154292594.shtml, 2006-10-16.

[87] 多数产油国皆有意将部分美元外汇储备转换成欧元 [EB/OL]. blog.ifeng.com/article/553907.html, 2006-12-28.

[88] 调查显示各央行 07 年外汇储备币种构成保持相对稳定 [EB/OL]. 世华财讯, http://www.icbc.com.cn/detail.jsp?infoid=1203299270100&infotype=CMS.STD, 2008-02-18.

[89] 各央行大举增持欧元日元，美元储备货币地位危矣 [EB/OL].外汇通网，http://www.fx678.com/C/20091013/200910131719441076.html，2009-10-13.

[90] 阿根廷加快调整外汇储备结构应对美元贬值 [EB/OL].新华网，http://www.finance.sina.com.cn/j/20091101/08366908744.shtml，2009-11-01.

[91] 伊朗央行行长：弃用美元作为外汇储备货币获利50亿美元 [EB/OL].世华财讯，http://www.cebbank.com/Info/17652015，2009-11-23.

[92] 曹金玲.新增外储多元化　美元半壁江山不保？[EB/OL].bjyouth.ynet.com/article.jsp?oid=61854454，2009-12-25.

[93] 张明.全球金融危机下的外汇储备管理策略 [Z].中国社会科学院世界经济与政治研究所国际金融研究中心工作论文，2008（19）：1-15.

[94] Truman, Edwin M. Wong, Anna. The Case for an International Reserve Diversification Standard [Z]. IIE Working Paper Series, 2006 (3): 12-23.

[95] 巴曙松，刘先丰.外汇储备管理的多层次需求分析框架——挪威、新加坡的经验及其对中国的借鉴 [J].经济理论与经济管理，2007（1）：46-52.

[96] 商景良，陈怀东.外汇储备分级管理下的币种结构 [J].时代经贸，2008（5）：38-41.

[97] 中国证券业协会.证券投资基金 [M].北京：中国财政经济出版社，2009.

[98] 孙杰.当前中国外汇储备管理应该强调流动性 [Z].中国社会科学院世界经济与政治研究所国际金融研究中心工作论文，2009（4）.

[99] Friedman M. Essays in Positive Economics [M]. Chicago: University of Chicago Press, 1953: 83-125.

[100] Fama E. The Behavior of Stock Market Prices [J]. Journal of Business, 1965, 38 (1): 34-105.

[101] Blume L. D. Easley. Evolution and Market Behavior [J]. Journal of Economic Theory, 1992 (58): 9-40.

[102] Sandroni A. Do Markets Favor Agents Able to Make Accurate Predictions? [J]. Econometrica, 2000 (68): 1303-1341.

[103] Blume L., Easley D. If You Are So Smart Why Aren't You Rich? Belief Selection in Complete and Incomplete Markets [Z]. Mimeo: Cornell University, 2001: 121-156.

[104] Evstigineev I. V., Hens T., Schenk-Hoppé K. R. Evolutionary Stable Stock Markets [J]. Economic Theory, 2006, 27 (2): 449-468.

[105] 杨招军, 秦国文. 连续进化金融模型及全局渐进化稳定策略 [J]. 经济研究, 2000 (5): 41-61.

[106] 龙张红, 杨招军, 秦国文. 基于中国股市的进化金融理论与实证研究 [J]. 金融研究, 2007 (10): 100-110.

[107] Mas-Colell A., Whinston M. D., et al. Microeconomic Theory [M]. Oxford Press, 1995: 135-161.

[108] Benartzi S., Thaler R. Illusionary Diversification and Its Implications for the U. S. and Chilean Retirement Systems [Z]. Working Paper, University of California, Los Angeles, 1998: 1-30.

[109] Tversky A., Kahnemann D. Advances in Prospect Theory: Cumulative Representation of Uncertainty [J]. Journal of Risk and Uncertainty, 1992 (5): 297-323.

[110] Hens T., Schenk-Hoppé K. R. Evolution of Portfolio Rules in Incomplete Markets [Z]. Working Paper, Institute for Empirical Research in Economics, University of Zurich, 2001: 74.